Jürgen Hampel / John Firth

FULDA YUKON QUEST

Das letzte echte Abenteuer

The toughest race on earth

SOCIETÄTS**VERLAG**

FULDA
SCHWARZ. BREIT. STARK.
YUKON QUEST
FULDA
GENE'S CHRYSLER
Mob.ility

Jürgen Hampel / John Firth

FULDA YUKON QUEST

Das letzte echte Abenteuer

The toughest race on earth

mit Beiträgen von / Δ *with reports by:*

Holger Bergold, John Firth, Jürgen Hampel, Thomas Jeier, Uli Schmid, Jakob Strobel y Serra, Frank Turner, Ralf Zielinski

Fotos von / Δ *Photos by:*

Udo Bernhart, Holger Bergold, Jürgen Hampel, Reiner Merkel, Silke Roßkothen, Uli Schmid, Yukon Tourism

IMPRESSUM / Δ *IMPRESSUM*

Herausgeber / Δ *Publisher:*

Societäts-Verlag
Frankenallee 71-81
D-60327 Frankfurt am Main

Gummiwerke Fulda GmbH
Künzeller Straße 59-61
D-36043 Fulda

Konzeption und Gestaltung / Δ *Conception and layout:*

ARTmax Werbe- und Grafikagentur
Christina Ortstadt
Langebrückenstraße 44
D-36037 Fulda

Herstellung / Δ *Production:*

Presse-Druck- und Verlags-GmbH
Curt-Frenzel-Straße 2
D-86167 Augsburg

ISBN 3-7973-0655-5

INHALT

Δ Contents

LIEBE LESERIN, LIEBER LESER

Δ Dear reader

Es ist mir eine ganz besondere Freude, Sie mit diesem Buch im kanadischen Yukon Territory willkommen zu heißen. Beim Lesen der Geschichten und beim Betrachten der Bilder werden Sie feststellen, wie abenteuerlich, großartig, unberührt und bezaubernd der Yukon noch heute ist. Auch – und vor allem – im Winter.

Ich bin als „native" in diesem einzigartigen Land geboren und habe hier fast mein gesamtes Leben verbracht. Schon meine Urahnen müssen sich vor tausenden von Jahren in diese Gegend verliebt haben, denn als der nordamerikanische Kontinent von Sibirien her besiedelt wurde, blieben sie kurzerhand hier.

Heute, als Tourismusminister des Yukon Territory, bin ich glücklich, die Schönheiten meiner Heimat mit Ihnen teilen zu können. Der Yukon hat das ganze Jahr über Saison. Im Frühjahr, wenn die Natur langsam zum Leben erwacht. Im Sommer, wenn die Landschaft erfüllt ist von unzähligen Tieren und Pflanzen. Im Herbst, wenn sich das Laub verfärbt. Und im Winter, wenn das Polarlicht über den Bergen „tanzt".

Das vorliegende Buch versteht es, einfühlsam die Mystik der langen Winter im Yukon einzufangen. Es greift zurück auf die Geschichte, als Hundeschlitten das einzige Transportmittel im Norden waren, und schlägt dadurch eine Brücke zum Yukon Quest, dem härtesten Hundeschlittenrennen der Welt.

Mein besonderer Dank gilt den Autoren und Fotografen dieses Bildbandes, allen voran Jürgen Hampel und John Firth. Jürgen Hampel hat auf mehr als 15 Reisen das Leben im Norden kennengelernt, und John Firth wohnt in Whitehorse und war lange Präsident des Yukon Quest.

Herzlichen Dank auch den Gummiwerken FULDA mit Verkaufs- und Marketingdirektor Bernd J. Hoffmann und Marketingleiter Michael K. Kuhn an der Spitze, die durch ihr Engagement nicht nur dieses Buch ermöglicht haben. Vielmehr hat FULDA durch die mehrjährige Sponsorschaft das Überleben des härtesten Hundeschlitten-Rennens der Welt gesichert.

Ich wünsche mir, daß möglichst viele Leser einen Anreiz bekommen, den Yukon zu besuchen und selbst zu erleben, was uns die Autoren und Fotografen vermitteln: Abenteuer und Einsamkeit, pur und unglaublich!

Bis bald im Yukon, herzlichst Ihr
Dave Keenan
Tourismusminister

Δ It is a very special pleasure to welcome you to the Yukon Territory of Canada through this book. While reading the stories and looking at the pictures you will appreciate how adventurous, fantastic, untouched and magical the Yukon still is today. Even - or especially - in winter.

I was born in this unique country as a "native" and have lived here almost my entire life. Even my ancestors must have fallen in love with this region because as they moved from Siberia onto the North American continent, they simply stayed here.

Today as Minister of Tourism for the Yukon Territory I'm happy to be able to share the beauty of my country with you. In the Yukon it is in season all the year round. In spring when nature slowly awakes, in summer when the landscape is filled with countless animals and plants, in autumn when the leaves glow golden and in winter when the Northern Lights dance over the mountains.

This book has carefully captured the mystique of the long Yukon winter. It goes back into history when dog-sleds were the only means of transport in the North and builds a bridge to the Yukon Quest, the toughest dog-sled race in the world.

I especially want to thank the authors and photographers of this book, first and foremost Jürgen Hampel and John Firth. Jürgen Hampel has learned life in the North on more than 15 trips here, and John Firth lives in Whitehorse and for a long time was president of the Yukon Quest.

Special thanks also to FULDA Tires led by their Sales and Marketing Director Bernd J. Hoffmann and Marketing Manager Michael K. Kuhn, whose participation made more than just this book possible. More than that FULDA, through their sponsorship, have secured the future of the toughest dog-sled race in the world.

I hope that many readers will feel tempted to visit the Yukon, and experience for themselves the feelings that the authors and photographers have captured on paper: adventure and isolation, pure and incredible.

See you in the Yukon, sincerely,
Dave Keenan
Minister of Tourism

SCHWARZ. BREIT. STARK.
FULDA KRISTALL ROTEGO
FULDA
GERMAN HIGH TECHNOLOGY

EDITORIAL

Δ Editor's Foreword

Eintausend Meilen durch Schnee und Eis. Wütende Elche und hungrige Wölfe. Temperaturen bis zu minus 45 Grad. Einsamkeit und Müdigkeit – Kampf gegen Verzweiflung, Halluzination und Depression.

Eintausend Meilen durch eine atemberaubend schöne Landschaft. Lautlose Fahrt über zugefrorene Flüsse und Seen unter dem filigranen, wie von Geisterhand bewegten Nordlicht, das sich wie eine unwirkliche Decke über den Himmel spannt.

Eintausend Meilen voller Entbehrungen, aber auch voller Erfahrungen – das Yukon Quest, das härteste Hundeschlittenrennen der Welt, lebt von den Gegensätzen, den Geschichten und der Geschichte.

Jack London und Robert Service zeichneten vor 100 Jahren in ihren Erzählungen über den Norden eine gnadenlose Welt voller trügerischer Schönheit und unbarmherzigen Wintern – eine Landschaft voller Widersprüche, wo die Sonne um Mitternacht noch scheint und das blasse Totenhemd der Nacht von tanzenden Lichtern und unwirklichen Tönen zum Leben erweckt wird.

Die Poeten des Nordens schrieben über die idealistischen, fast schon romantischen Phantasien der Pioniere auf ihrer Suche nach Abenteuer, Reichtum und Ruhm. Es war eine harte Welt, die nur mit Hilfe von Hunden erobert werden konnte – Hunden voller bedingungsloser Treue und Zuneigung, unermüdlicher Ausdauer und schneller Auffassungsgabe. Und mit ihnen kämpften sich jene Menschen durch Schnee und Eis, die es nur durch schiere Willenskraft schafften, dort zu überleben, wo die Schwachen versagten.

Es muß der Wunsch nach jenen verklärten, romantischen Vorstellungen und die Sehnsucht nach dem Pioniergeist gewesen sein, der den modernen Menschen dazu getrieben hat, sich im Zeitalter von Motorschlitten, Auto und Flugzeug wieder auf die Kufen eines Schlittens zu stellen und Rennen von eintausend Meilen und mehr in Angriff zu nehmen.

Das vorliegende Buch ist nicht einfach die Geschichte über ein Hunderennen. Die Texte und Bilder zeichnen den Norden in seiner Gesamtheit – stolz und abweisend und doch herzlich und einnehmend zugleich. Wie ein roter Faden spannt sich das Yukon Quest durch die Seiten dieses Bildbandes. Doch was sucht eine hessische Reifenfirma in der kanadischen Provinz Yukon? Wo ist die logische Verbindung zwischen einem Hunderennen und

Δ A thousand miles through snow and ice, furious elks and hungry wolves. Temperatures down to minus 45 Celsius. Loneliness and fatigue, the struggle against despair, hallucinations and depression.

A thousand miles through breathtaking scenery. A silent journey over frozen rivers and lakes under the lacy Northern Lights, made to dance by invisible hands, which stretch like a magical curtain over the heavens.

A thousand miles of sacrifices, but also of experiences – the Yukon Quest, the toughest dog-sled race in the world lives on its contradictions, its stories and its history.

Over 100 years ago, in their stories, Jack London and Robert Service characterized a merciless world of deceiving beauty and ruthless winters, a landscape of contradictions where the sun shines at midnight and the shroud of night is awakened by dancing lights and unreal sounds.

The poets of the north write of the idealistic, almost romantic fantasies of the pioneers on their search for adventure, wealth and fame. It was a tough world which could only be conquered with dogs - dogs of unconditional loyalty and love, indefatigable endurance, and quick to learn. With these dogs those men fought through ice and snow and survived through sheer willpower, where the weaker failed.

It must be the desire for those romantic ideals of the past and the longing for the pioneering spirit that moves modern people, in the age of snow machines, cars and aircraft to get back onto the runners of a sled and take on races of a thousand miles and more.

This book is not simply a story about a race. The texts and images show the North in its whole magnificence, proud and rejecting but yet endearing and inviting at the same time. And like a thread, the Yukon Quest is woven through its pages.

But what's a German tire company doing in the Yukon Territory? Where's the logical link between a dog-sled race and FULDA? Why would one of Germany's leading tire manufacturers decide to support this event financially for several years?

FULDA? Weshalb hat sich einer der führenden deutschen Reifenhersteller dazu entschlossen, diese Veranstaltung über mehrere Jahre hinweg finanziell zu unterstützen?

Image-Transfer heißt das Zauberwort. Die Hunde beim Yukon Quest müssen zäh und ausdauernd sein, schnell und zuverlässig. Alles Eigenschaften, die auch auf Reifen zutreffen. Belastbar, leise, umweltgerecht – die Reihe ließe sich noch weiter fortsetzen bis hin zu der Tatsache, daß die Hunde auf vier Pfoten laufen, die Autos auf ihren vier Reifen. In der Werbung hat sich längst die Erkenntnis durchgesetzt, daß man mit dem Sponsoring seine Zielgruppe in der sogenannten „nichtkommerziellen“ Situation erreicht. Der Konsument wird in der aktiven und passiven Freizeitgestaltung angesprochen und akzeptiert deshalb das Sponsoring als integrierten Bestandteil der Freizeitaktivität. Sponsoring schafft einen Dialog und emotionalisiert.

Doch die trockene wissenschaftliche Definition ist nur die eine Seite der Medaille. Seit Jahren geht FULDA in der Werbung seinen eigenen Weg, hat einen unverwechselbaren Stil kreiert. Emotionsgeladene Aktionen stehen im Mittelpunkt aller Marketingaktivitäten. Und das Yukon Quest sind Emotionen pur. Wer einmal die Begeisterung der Hunde erlebt, die Hingabe der Menschen gesehen und den Norden in all seinen Facetten aufgesogen hat, kann leicht nachvollziehen, was uns bewogen hat, diese Veranstaltung zu unterstützen.

Mein Dank gilt an dieser Stelle all denjenigen, die uns geholfen haben, unsere Ziele zu verwirklichen. Viele sind in der Zeit der Vorbereitung und Durchführung des Projektes zu Freunden geworden, so der Tourismusminister des Yukons, Dave Keenan, seine Stellvertreterin Vicky Hancock und sein Staatssekretär Klaus Roth sowie Holger Bergold, der den Yukon in Deutschland repräsentiert. Sie haben mit ihrer Mannschaft in Zusammenarbeit mit dem Quest-Komitee Großartiges geleistet, um das Yukon Quest zu einer neuen Bedeutung zu führen.

Großartiges haben auch die Fotografen und Autoren dieses Buches geleistet. Aus jedem Bild und aus jedem Satz spricht die Liebe zu einem Landstrich, seinen Menschen und den kleinen, vierbeinigen Helden, um die es eigentlich geht.

Ich wünsche Ihnen viel Spaß bei der Lektüre. Und falls Sie danach den dringenden Wunsch verspüren, das Quest oder den Yukon einmal persönlich kennenzulernen – die Türen dieser grandiosen, unberührten und geheimnisvollen Landschaft stehen allen offen – zu jeder Jahreszeit!

Bernd J. Hoffmann
Verkaufs- und Marketingdirektor
Gummiwerke FULDA GmbH

Image transfer, those are the magic words. The dogs of the Yukon Quest mut be tough and have endurance, and be fast and reliable. All characteristics that tires should possess. Strong, quiet, environmentally friendly – the list goes on. Dogs on four paws and cars on four wheels.

In the advertising business it's long been accepted that sponsoring reaches your target group in the so-called "non-commercial" situation. The customer is reached in his active or passive leisure sphere and accepts sponsoring as an integral component of his leisure activities. Sponsoring creates dialogue and emotions.

But the dry scientific definition is just one side of the coin. FULDA has been going its own way for years, has created an unmistakable style. Emotionally-loaded action is central to all marketing activities. And the Yukon Quest is pure emotion. Anyone who has experienced the eagerness of the dogs, the determination of the men and women, and who has absorbed the North in all its facets can understand what moved us to support this event.

Here I want to thank all those who helped us to achieve our goals. Many have become friends while preparing and completing this project, such as the tourism minister of the Yukon, Dave Keenan, his deputy minister Vicky Hancock and his director of marketing Klaus Roth, as well as Holger Bergold who represents the Yukon in Germany. Their team, together with the Yukon Quest committee, have achieved wonders in giving the Yukon Quest new meaning.

The authors and photographers of this book also have achieved great things. The words and images speak a language of love for a region, its people, and for the small four-legged heroes who are the real story.

Enjoy reading it and should you suddenly yearn to experience the Quest or the Yukon in person, the gates to this magnificent, untouched and mysterious land are open to all, all the year round.

Bernd J. Hoffmann
Sales and Marketing Director
Gummiwerke FULDA GmbH

Viele Trainingsfahrten machen das Team fit für das große Abenteuer

Many training runs make the team fit for the big adventure

DIE KLEINEN HELDEN VOM GIPFEL DES ADLERS

∆ *The little heroes from Eagle Summit*

[von/by Uli Schmid]

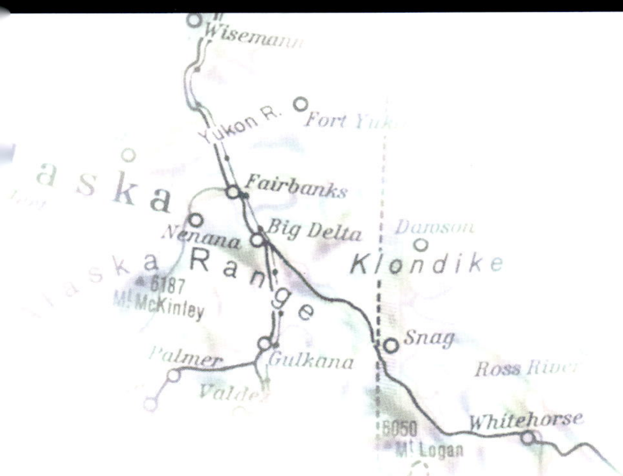

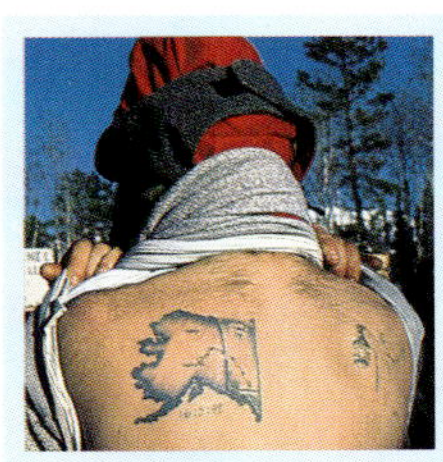

16:05:49, diese Zeit und die Landkarte von Yukon und Alaska mit den Start- und Zielorten Whitehorse und Fairbanks ließ sich der Musher, der Schlittenhundeführer Michael King, auf sein linkes Schulterblatt tätowieren.

16 Tage, fünf Stunden und 49 Minuten brauchten der 36jährige Zimmermann und Schlittenbauer und seine vierbeinigen Teamkameraden 1996 für das 1000-Meilen-Rennen von Fairbanks (Alaska) nach Whitehorse (Kanada): das Yukon Quest.

King, der in Salcha, Alaska, lebt, siegte damals nicht, er kam rund vier Tage nach dem Champion mit den traurigen Augen, dem Trapper und Berufsfischer John Schandelmeier, ins Ziel.

Knappe Entscheidungen sind bei dem härtesten Rennen der Welt, das auf einer Distanz ausgetragen wird, die der Strecke Hamburg – München – Hamburg entspricht, eher die Ausnahme. Beim Rennen 1997 siegte Rick Mackey mit einem Vorsprung von 1:08 Stunden vor Frank Turner, der noch einmal fünf Minuten schneller als der Drittplazierte, John Schandelmeier, war.

∆ *16:05:49, is tattooed on musher Michael King's left shoulder blade along with a map of Yukon and Alaska with the start and finish lines of Whitehorse and Fairbanks.*

In 1996, 16 days, five hours and 49 minutes was the time that the 36 year old carpenter and sled constructor and his four-legged teammates needed to complete a 1000 miles race from Fairbanks (Alaska) to Whitehorse (Canada): the Yukon Quest.

King of Salcha, Alaska wasn't the winner that time, having finished about four days after the sad-eyed champion, trapper and professional fisherman, John Schandelmeier. Close decisions are exceptions in the hardest race in the world, held over a distance equal from Hamburg to Munich and back again. In the '97 race Rick Mackey won by a margin of 1:08 hours before Frank Turner. Turner was another 5 minutes faster than the third-place-finisher John Schandelmeier.

The 28 mushers who face the challenge of the '97 Quest at the starting line in Whitehorse don't like to hear the word "race". "This is far more than a race or a hobby; it's a way of life" says the 44 year old Schandelmeier from Paxson, Alaska, who has won the Quest twice.

In Dawson City, wo der Schaufelraddampfer „Keno" auf „Eis liegt" ist Halbzeit – willkommene Ruhepause für Mensch und Tier

In Dawson City, the paddle-steamer "Keno" is "on ice" – it's half-time, a welcome break for man and dog

Tierärzte kümmern sich während des gesamten Rennens um die „kleinen Helden"

Veterinarians care for the "little heroes" during the entire race

Das Wort „Rennen" hören die 28 Musher, die sich jeweils mit meist 14 Hunden bei der '97er-Auflage am Start in Whitehorse der Herausforderung stellen, gar nicht gerne. „Das hier ist mehr als ein Rennen oder ein Hobby, es ist ein Lebensstil", sagt der zweimalige Quest-Gewinner und Vater eines zwei Monate alten Kindes, der 44jährige Schandelmeier aus Paxson, Alaska.

Schier endlos zieht sich der 1600 Kilometer lange Trail über Waldwege, den zugefrorenen Yukon, über Hügel, Berge, Pässe und Tundra. Im Schein der Stirnlampe der Musher, unter ihnen drei Frauen, sehen die einsamen Kämpfer oft nur die Hinterteile ihrer Leidensgenossen.

Bei Steigungen schiebt der Musher den Schlitten, um die Tiere zu entlasten. Wenn es der Zeitplan zuläßt, sind sie am liebsten nachts unterwegs. Die Hunde sehen dann nicht die Steigungen, die sie demoralisieren könnten, und bei den wärmeren Temperaturen, die tagsüber herrschen, ist das Rasten angenehmer als während der oft klirrend kalten Nächte, heuer bis minus 37 Grad.

In jenen klaren Nächten begleitet die Teams oft ein einzigartiges Naturschauspiel am Himmel: das Nordlicht. Meist grünlich, aber auch in anderen Spektralfarben tanzen Schleier über den Himmel, wie von unsichtbarer Hand geführt. Kein Lichtschein aus einem Haus, keine Autoscheinwerfer lenken von diesem kurzlebigen Naturgemälde ab.

Almost endless, the 1600-kilometer long trail stretches over woodland paths, the frozen Yukon River, over hills, mountains, passes and tundra. In the shine of their headlamps the lonely fighters, including three women, often only see the backs of their fellow sufferers.

On uphill gradients the musher pushes the sled to ease the burden of the animals. If the time schedule permits they prefer to be on their way during the night.

Then the dogs don't see the gradients which might demoralize them. Also, resting in the warmer daytime temperatures is more pleasant than during the crisp, cold nights which this year are down to minus 37 degrees.

In those clear nights a unique natural occurrence in the sky accompanies the teams: the northern lights. Most of the time greenish but also in other spectral colors veils dance over the firmament as if led by an invisible hand. No gleam of light from a house and no car headlights dilute the intensity of this short-lived natural sight.

Trees flit past the mushers like dark shadows and the panting of the dogs and the crunching of the sled runners are interrupted only now and then when a branch brushes against the musher's parka.

"It is a fascinating noise like glass when the hooves of a moose hit the ice of the river

Bäume huschen an den Mushern als dunkle Schatten vorbei, das Hecheln der Hunde und das Knirschen der Schlittenkufen wird nur gelegentlich von dem Rascheln unterbrochen, wenn ein Ast den Anorak des Gespannführers streift. „Es ist ein faszinierendes, gläsernes Geräusch, wenn die Hufe eines Elches durch den Schnee, der locker wie Sand alles bedeckt, auf das Eis des Flusses treffen“, beschreibt die deutsche Musherin Ingabritt Scholven ein Erlebnis.

Was treibt die 37jährige auf den 1600 Kilometer langen Trail? „Es ist das Zusammenspiel zwischen Mensch und Tier, das mich so sehr fasziniert. Versagen die Hunde, so muß man die Schuld immer beim Musher suchen. Die Huskys bekommen über mein Verhalten und meine Launen eventuelle Unsicherheiten mit. Wenn ich falsche Entscheidungen treffe, mißachtet mich mein Leithund. Um dort draußen aber bestehen zu können, müssen die Hunde mich achten, so wie auch ich sie achte“, erzählt Scholven.

Was sie darunter versteht, kann man an den wenigen Checkpoints, an denen Proviant vorhanden ist und tierärztliche Kontrollen stattfinden, beobachten. „Du bist ein guter Hund“, spricht John Schandelmeier auf einen seiner Hunde ein, während er dem Tier zu Beginn der Rast die Booties, die Stiefelchen, auszieht und die Ballen des Vierbeiners mit einer speziellen Paste eincremt und geschmeidig macht.

through the snow which covers everything like sand" says German musher Ingabritt Scholven describing an experience.

What drives the 37 year old woman on the 1600 kilometers trail? "It's the interplay between man and beast that fascinates me so much. If the dogs fail you must always blame the musher. The huskies pick up any uncertainties through my behaviour and my moods. When I make a wrong decision my lead dog ignores me. But in order to be able to hold one's own out there the dogs must respect me, just as I respect them," Scholven tells.

What she means by this you can observe at the few checkpoints where provisions are available and veterinary controls take place. "You're a good dog" says John Schandelmeier to one of his dogs while he takes off the dog's booties at the beginning of the rest and rubs the pads with a special paste that makes them supple.

Hardly a dog biscuit's throw away from Schandelmeier, his competitor Frank Turner kneels in the snow and feeds his dogs by hand; the best method to get the worn-out athletes to take the food which is indispensable for survival.

"The willingness of the dog during the Quest to take food willingly is nearly as important for the participation in the race as the 'will to go' – the nearly unbreakable yearning of the dogs to run" says one of the 23 veterinarians caring for the dogs along

„Grandma“ Frank Turner füttert seine Hunde aus der Hand – den Spitznamen erhielt er wegen seiner großen Fürsorge für seine Hunde

"Grandma" Frank Turner feeds his dog by hand – he got the nickname because of his great care for his dogs

Keinen Hundekuchenwurf entfernt von Schandelmeier kniet sein Konkurrent Frank Turner im Schnee und füttert seine vierbeinigen Freunde aus der Hand, die beste Methode, die abgekämpften Athleten zur überlebenswichtigen Nahrungsaufnahme zu bewegen.

„Die Bereitschaft des Hundes, während des Quests willig Nahrung aufzunehmen, ist für die Teilnahme am Rennen fast genauso wichtig wie der 'desire to go', der beinahe unbeugsame Wille der Hunde zu laufen“, sagt einer der 23 Tierärzte, die entlang des Trails die Hunde medizinisch betreuen. Daß die Tiere wie Marathonläufer körpereigene Rauschmittel, sogenannte Endomorphine, produzieren, vermuten die Veterinäre. „Exakte Studien gibt es nicht. Man kann die Hunde nicht nach ihren Gefühlen fragen. Sie sprechen zu uns, aber

the trail. The veterinarians believe that the dogs produce endogenous drugs: so-called endomorphines. "Exact studies do not exist. You can't ask the dogs about their feelings. They talk to us but we don't understand them" says a veterinarian at the checkpoint in Dawson.

"He who participates in the Quest wants to come through; he who takes part in the Iditarod wants to win" declares Rick Armstrong at a campfire at the bank of the frozen Stewart River. The Yukon Quest and the Iditarod; these two similar races – the Iditarod goes from Anchorage to Nome, Alaska – are often compared.

The Quest is harder. Armstrong from Two River, Alaska, is sure of it: the mountains, the long distances between the checkpoints, the heavy sleds. Armstrong

Eagle Summit – Gipfel der Leiden, Tränen und Enttäuschungen

Eagle Summit – peak of the suffering, tears and disappointments

wir verstehen sie nicht", sagt eine Tiermedizinerin am Checkpoint in Dawson.

„Wer beim Quest startet, will durchkommen, wer am Iditarod teilnimmt, will gewinnen", erklärt Rick Armstrong an einem Lagerfeuer am Ufer des zugefrorenen Stewart River. Yukon Quest und Iditarod. Die beiden fast gleichlangen Rennen – das Iditarod führt in Alaska von Anchorage nach Nome – werden oft verglichen.

Härter, da ist sich Armstrong aus Two River, Alaska, sicher, ist das Quest: die Berge, die langen Abstände zwischen den Checkpoints, die schwereren Schlitten. Armstrong muß es wissen. Schon viermal hat er die 1800 Iditarod-Kilometer nach Nome unter die Kufen seines Schlittens genommen. Sein Job beim Quest, bei dem

should know. Four times he already ran the 1800 Iditarod-kilometers. His job on the Quest, in which he will take part next year, is called trail-breaker. Together with a handful of other men, Armstrong is responsible for the trail on which the dogs pull the sled.

With snowmachines they go ahead of the mushers to ensure an even playing field and to bypass dangerous sections: the overflow for instance – swamps of water and snow. Due to the pressure of the river-ice, in several places comparatively warm groundwater is pressed through cracks in the ice onto the surface; there it combines with the snow to make a kind of swamp which can be extremely dangerous, especially at night.

When a team runs into overflow the musher must take immediate action. He must bring the dogs out of the wet as

John Schandelmeier gewann bisher als einziger Musher zweimal das Yukon Quest

John Schandelmeier is the only musher who succeeded in winning the Yukon-Quest twice

Vier Stunden Fahrt, vier Stunden Pause – schnell stellt sich, wie hier bei Rick Mackey, dem Sieger von 1997, der Rennalltag ein

Four hours run, four hours pause – the routine of the racing day quickly sets in, as here for Rick Mackey the winner of 1997

er nächstes Mal an den Start gehen will, heißt Trail-Breaker. Zusammen mit einer handvoll anderer Männer ist Armstrong für die Spur, auf der die Hunde den Schlitten ziehen, verantwortlich.

Mit Motorschlitten fahren sie den Mushern voraus, um so für Chancengleichheit zu sorgen und gefährliche Abschnitte zu umgehen: zum Beispiel die Overflows, Sümpfe aus Wasser und Schnee. Durch den Druck des Flußeises wird mancherorts relativ warmes Grundwasser durch Risse im Eis an die Oberfläche gepreßt. Dort fließt es auf die Eisfläche und verbindet sich mit dem dort liegenden Schnee zu einer Art Sumpf, der gerade bei nächtlichen Fahrten höchst gefährlich werden kann.

Kommt ein Gespann in einen solchen Overflow, muß der Musher schnell handeln. Er muß die Tiere schnellstmöglich aus diesem Sumpf herausführen und sie mit trockenem Schnee abreiben. Unterläßt der Schlittenhundeführer diese „Erste-Hilfe-Maßnahme“, erfrieren die nassen Hunde jämmerlich.

Vor anderen Gefahren können die Trail-Breaker die Musher nicht schützen: aggressive Elche, die die Huskys attackieren, Schneestürme, Kälte, Strapazen, verletzte Tiere und Halluzinationen.

„Am schlimmsten sind der Schlafmangel und die Kälte. Halluzinationen sind nichts Außergewöhnliches. Einmal bin ich mit meinem Gespann über einen zugefrore-

quickly as possible and give them a rub-down with dry snow. If the musher fails to carry out this “First-Aid” the wet dogs miserably freeze to death.

The trail-breakers cannot protect the mushers against other dangers: aggressive moose, which attack the huskies, snowstorms, cold, strains, wounded animals and hallucinations.

“Worst of all are lack of sleep and the cold. Hallucinations are nothing unusual. Once I ran with my team over a frozen lake; suddenly a branch hit my face. I fell and the sled tilted over. When I got up I noticed that there was no tree far and wide,” said Dick Mackey remembering a situation on the Iditarod. Dick Mackey is the father of the ’97 Quest-winner Rick Mackey; father and son have won the Iditarod in 1978 and 1983. Outsiders can only imagine the strain, when they see the eyes of mushers reddened by lack of sleep.

Often the dead tired men stand together, talk a little, and help each other out. Only a short distance before the finish line, another actor appears on the stage beside the measurement of one’s strength against nature: ambition. When the little heroes in front of the sled have struggled hard to get over the steep Eagle Summit – and thus have passed the key point – then the comrade from the last camp becomes a rival for a short time. Then the exhausted teams race for the finish line and the winner’s prize.

Einen Sonderpreis in Form von purem Gold gibt es für den Ersten in Dawson City – 1997 hieß der Glückliche John Schandelmeier (Bild)

Gold is reserved for the first arriving in Dawson City – in 1997 the lucky man was John Schandelmeier (picture)

YUKON QUEST
17

nen See gefahren, plötzlich schlug mir ein Ast ins Gesicht. Ich stürzte, und der Schlitten kippte um. Als ich aufstand, bemerkte ich, daß weit und breit kein Baum in der Nähe war“, schildert Dick Mackey, Vater des ‘97er Quest-Siegers Rick Mackey, eine Situation auf dem Iditarod, das er und sein Sohn 1978 und 1983 gewannen.

Die Strapazen lassen sich für den Außenstehenden nur erahnen, wenn er die von Schlaflosigkeit geröteten Augen der Musher sieht.

Oft stehen die todmüden Männer an Checkpoints zusammen, sprechen ein wenig miteinander und helfen sich. Nur kurz vor dem Ziel tritt neben dem Kräftemessen mit der Natur noch ein weiterer Akteur auf die Bühne: der Ehrgeiz. Wenn sich die kleinen Helden vor dem Schlitten über den steilen Eagle Summit, den Gipfel des Adlers, gequält haben und damit die Schlüsselstelle passiert ist, dann wird der Sportkamerad vom letzten Lager für kurze Zeit zum Rivalen. Dann rennen die ausgebrannten Teams in Richtung Ziellinie und Siegprämie.

In Whitehorse steht ein Denkmal. Die Plastik zeigt einen Pionier samt bepacktem Hund. Es ist all jenen gewidmet, die ihren Träumen gefolgt sind. Es steht auch für die Frauen und Männer aus Alaska, Yukon, Michigan, Deutschland, Finnland, Frankreich und Japan, die sich dem Abenteuer des Yukon Quest 1997 stellten. Und einst sagte der in Alaska lebende Iditarod-Teilnehmer Jon van Zyle: „Ich habe viele Nächte im Frieden mit mir selbst und allein mit meinen Hunden im Freien verbracht. In diesen Zeiten habe ich mich daran erinnert, wer und was für mich wichtig ist. Dann wurden die Gedanken ganz klar und Erinnerungen wurden geboren.“

Zahlreiche Zuschauer säumen Start und Ziel, um die Teams zu sehen

Numerous spectators line start and finish to watch the teams

In Whitehorse stands a monument. The sculpture shows a pioneer with a loaded dog. It is dedicated to all those who followed their dreams. It also stands for the women and men from Alaska, Yukon, Michigan, Germany, Finland, France and Japan who face up to the adventure of the Yukon Quest 1997. Jon van Zyle, a participant of the Iditarod who lives in Alaska, once said: “I have spent many nights in peace with myself and alone with my dogs. In those times I remembered who and what is important to me. Then my thoughts became quite clear and memories were born.”

Rennblut in den Adern: Rick Mackey, der bisher als einziger Musher Iditarod und Yukon Quest gewann

Racing blood in his veins: Rick Mackey, the only musher to have won both the Iditarod and the Yukon Quest

DIE SIEGER

∆ The winners

1984: Sonny Lindner
Johnson River, Alaska
12:00:05
(Tage/days:Stunden/hours:Minuten/minutes)

1985: Joe Runyan
Tanana, Alaska
11:11:55

1986: Bruce Johnson
Atlin, British Columbia, Kanada
14:09:17

1987: Bill Cotter
Nenana, Alaska
12:04:34

1988: David Monson
Manley, Alaska
12:05:06

1989: Jeff King
Denali Park, Alaska
11:20:51

1990: Vern Halter
Trapper Creek, Alaska
11:17:09

1991: Charlie Boulding
Nenana, Alaska
10:21:12

1992: John Schandelmeier
Paxson, Alaska
11:21:40

1993: Charlie Boulding
Nenana, Alaska
10:19:09

1994: Lavon Barve
Wasilla, Alaska
10:22:44

1995: Frank Turner
Whitehorse, Yukon Territory, Kanada
10:16:20

1996: John Schandelmeier
Paxson, Alaska
12:16:06

1997: Rick Mackey
Nenana, Alaska
12:05:55

Neben den Mushern sind die Helden natürlich die unzähligen Hunde, die in all den Jahren die lange Strecke unter ihre Pfoten genommen haben

Apart from the mushers the heroes are, of course, the countless dogs, who have "pawed" the long stretch all these years

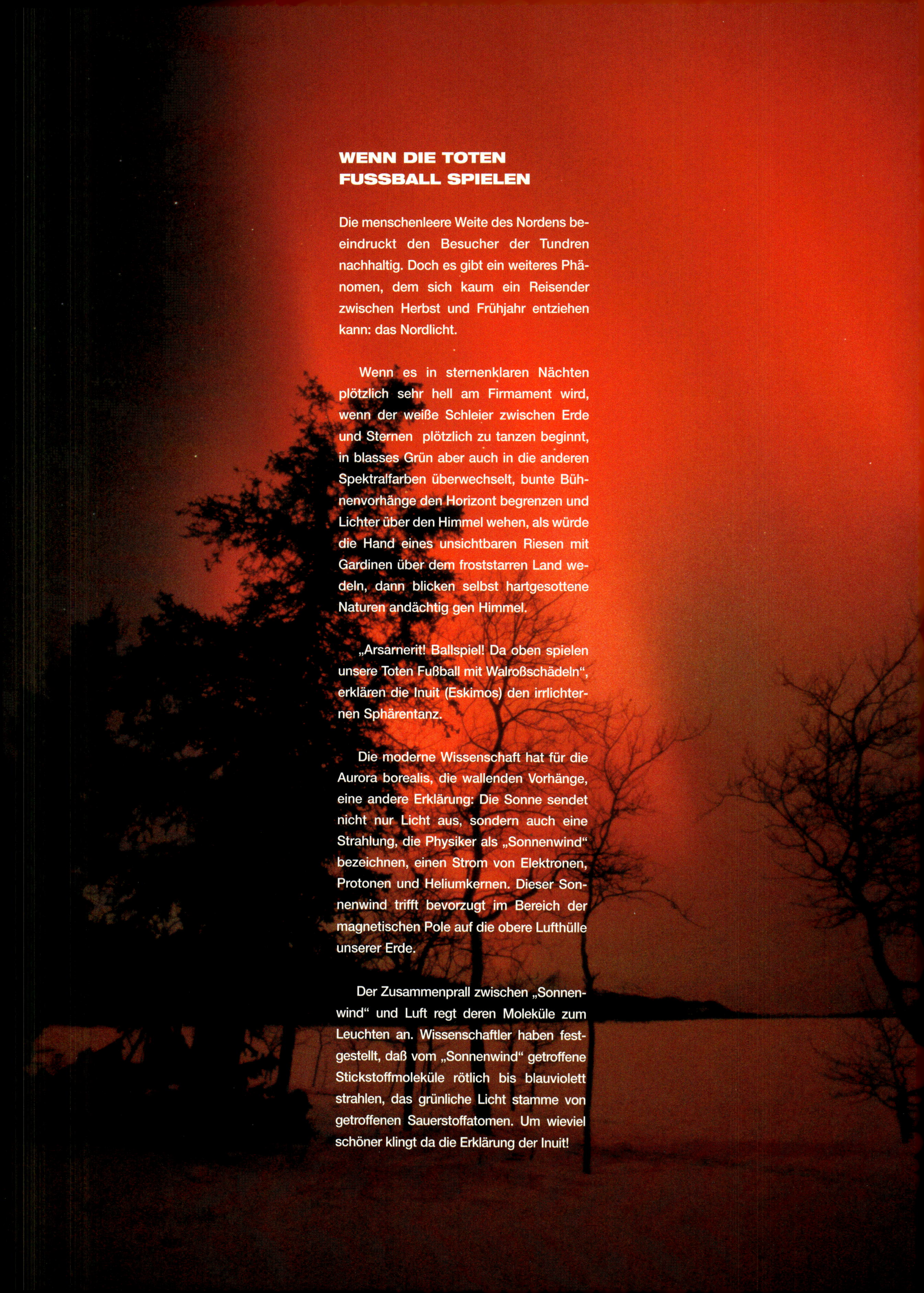

WENN DIE TOTEN FUSSBALL SPIELEN

Die menschenleere Weite des Nordens beeindruckt den Besucher der Tundren nachhaltig. Doch es gibt ein weiteres Phänomen, dem sich kaum ein Reisender zwischen Herbst und Frühjahr entziehen kann: das Nordlicht.

Wenn es in sternenklaren Nächten plötzlich sehr hell am Firmament wird, wenn der weiße Schleier zwischen Erde und Sternen plötzlich zu tanzen beginnt, in blasses Grün aber auch in die anderen Spektralfarben überwechselt, bunte Bühnenvorhänge den Horizont begrenzen und Lichter über den Himmel wehen, als würde die Hand eines unsichtbaren Riesen mit Gardinen über dem froststarren Land wedeln, dann blicken selbst hartgesottene Naturen andächtig gen Himmel.

„Arsarnerit! Ballspiel! Da oben spielen unsere Toten Fußball mit Walroßschädeln", erklären die Inuit (Eskimos) den irrlichternen Sphärentanz.

Die moderne Wissenschaft hat für die Aurora borealis, die wallenden Vorhänge, eine andere Erklärung: Die Sonne sendet nicht nur Licht aus, sondern auch eine Strahlung, die Physiker als „Sonnenwind" bezeichnen, einen Strom von Elektronen, Protonen und Heliumkernen. Dieser Sonnenwind trifft bevorzugt im Bereich der magnetischen Pole auf die obere Lufthülle unserer Erde.

Der Zusammenprall zwischen „Sonnenwind" und Luft regt deren Moleküle zum Leuchten an. Wissenschaftler haben festgestellt, daß vom „Sonnenwind" getroffene Stickstoffmoleküle rötlich bis blauviolett strahlen, das grünliche Licht stamme von getroffenen Sauerstoffatomen. Um wieviel schöner klingt da die Erklärung der Inuit!

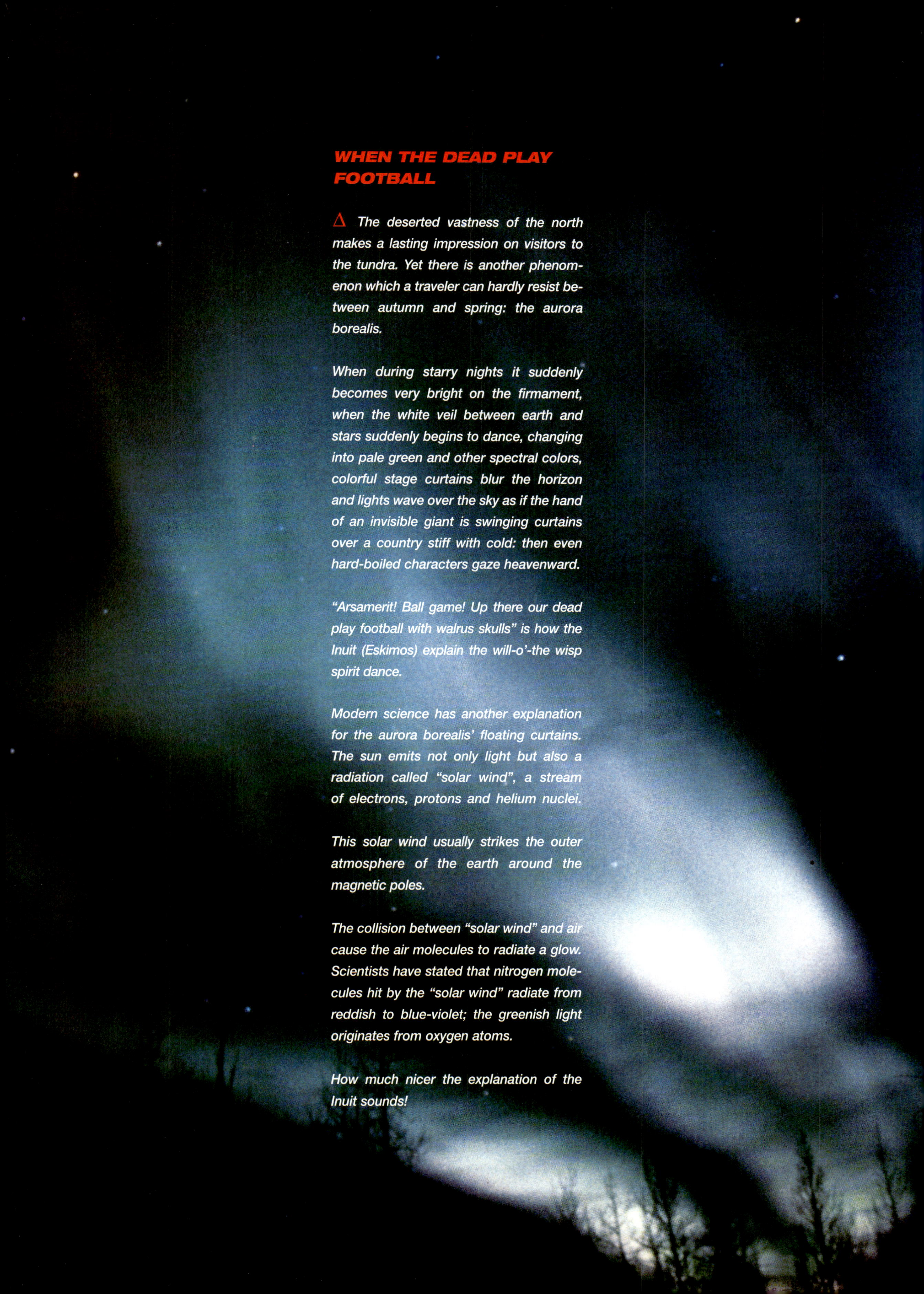

WHEN THE DEAD PLAY FOOTBALL

△ The deserted vastness of the north makes a lasting impression on visitors to the tundra. Yet there is another phenomenon which a traveler can hardly resist between autumn and spring: the aurora borealis.

When during starry nights it suddenly becomes very bright on the firmament, when the white veil between earth and stars suddenly begins to dance, changing into pale green and other spectral colors, colorful stage curtains blur the horizon and lights wave over the sky as if the hand of an invisible giant is swinging curtains over a country stiff with cold: then even hard-boiled characters gaze heavenward.

"Arsamerit! Ball game! Up there our dead play football with walrus skulls" is how the Inuit (Eskimos) explain the will-o'-the wisp spirit dance.

Modern science has another explanation for the aurora borealis' floating curtains. The sun emits not only light but also a radiation called "solar wind", a stream of electrons, protons and helium nuclei.

This solar wind usually strikes the outer atmosphere of the earth around the magnetic poles.

The collision between "solar wind" and air cause the air molecules to radiate a glow. Scientists have stated that nitrogen molecules hit by the "solar wind" radiate from reddish to blue-violet; the greenish light originates from oxygen atoms.

How much nicer the explanation of the Inuit sounds!

Energizer

DAS LETZTE GROSSE ABENTEUER

Δ The Making of the Last Great Adventure

[von/by John Firth]

Hundeschlitten sind nicht nur ein unverzichtbares Verkehrsmittel oder eine Freizeitbeschäftigung, sondern auch eine echte Lebensphilosophie. Jack London und Robert Service machten die romantischen Phantasien der Pioniere berühmt, die auf der Suche nach Abenteuer, Ruhm und Geld waren. Viele, die heute Alaska und den Yukon bevölkern, fühlten sich von diesen idealistischen Bildern angezogen.

Die Schriftsteller zeichneten eine unerbittliche Welt voll trügerischer Schönheit und erbarmungslosem Winter, eine Natur voller Widersprüche, in der um Mitternacht die Sonne scheint, mittags der Mond seine Bahn zieht und der stille Schleier der Nacht von tanzenden Lichtern zerrissen wird, die aus dem Nichts zu kommen scheinen.

In dieser unheimlichen Welt zu überleben war ohne die ergebene Treue, unsterbliche Zuneigung, grenzenlose Ausdauer und schnelle Auffassungsgabe von Hunden nicht möglich. Die Fahrer folgten den Hunden auf ihren Schlitten und spornten sie zu immer neuen Höchstleistungen an. Es waren die Starken, die es immer wieder schafften zu überleben, wo die Schwachen umkamen – Männer und Frauen mit tapferen Herzen und von kindlicher Unschuld,

Δ The driving of dogs - it is as much a philosophy of life as it is a necessary means of transportation or a recreational pastime. The romantic fantasies of pioneers in search of adventure, glory and wealth that were popularized by Jack London and Robert Service: these are the idealistic images that lured many who now populate Alaska and the Yukon.

They portrayed an unforgiving world of deceptive beauty and ruthless winter: a land of environmental contradictions where the sun shone at midnight, the moon waxed at noon and the silent shroud of night was ripped by dancing lights and crackling music of unknown origins.

It was an eerie world that could only be conquered by dogs blessed with undying loyalty, unburdened affection, limitless endurance and quick intelligence. Behind them, riding sled runners and inspiring the dogs to even greater heights of accomplishment, were their drivers: the strong, who somehow found a way to survive where the weak perished. They were men and women of stout heart and childlike innocence who triumphed through sheer intestinal fortitude and the gritty determination to succeed at any price. They endured the pain and loneliness of the trail to find comfort in the camaraderie of others who shared the same hardships.

Der Gebrauch von Hundeschlitten war vor 100 Jahren eine unabdingliche Notwendigkeit, um den Norden erobern und besiedeln zu können – heute ist es ein Sport ebenso wie eine Lebensphilosophie

The use of dog sleds was a vital necessity 100 years ago for the conquest and settlement of the north – today it is both a sport and a philosophy of life

In vergangenen Tagen waren Hunde ein nützliches „Werkzeug" – in den Minen unter Tage ebenso…

In the old days, dogs were a useful "implement" – also used underground in the mines…

die allein durch eisernes Durchhaltevermögen und die grimmige Entschlossenheit, um jeden Preis zu siegen, ihr Ziel erreichten.

Der Wunsch, die gleichen romantischen Phantasien und denselben Pioniergeist in sich selbst zu entdecken, ließ einige Nordländer der Neuzeit auf den Hund kommen. Nicht wenige sind der Meinung, daß es sich bei den „Musher" genannten Hundeschlittenfahrern um die letzten wahren Nordländer handelt. Alle anderen sind ihrer eigenen Bequemlichkeit zum Opfer gefallen und haben sich mit der Natur entweder arrangiert oder vor ihr versteckt, statt ihr die Stirn zu bieten. Einige Fahrer spannen ihre Schlitten aus reiner Notwendigkeit an, denn in der lebensfeindlichen Winterwelt lassen sich Vorräte und Post mit Hunden zuverlässiger zu abgelegenen Siedlungen oder Hütten bringen als mit dem Motorschlitten. Andere wieder halten sich die Hunde aus Abenteuerlust. Für sie gibt es einfach nichts Schöneres, als mit der Wildnis eins zu werden und unberührtes Land zu durchqueren.

Wenn sich die Wege der Fahrer zufällig kreuzten, fuhren sie oft um die Wette – einfach nur zum Spaß und um zu sehen, wer der Schnellste ist. Bald wurde der Spaß zu Ernst, und die Fahrer maßen ihre Kräfte nicht mehr nur untereinander, sondern auch auf abgesteckten Rennstrecken gegen die Uhr. Mit der Zeit wurden die Strecken länger.

It was the desire to find within themselves that romantic fantasy and the pioneering spirit that drove a few modern northerners into the world of driving dogs. Some believe that the dog drivers, or mushers, are the only genuine northerners left: that everyone else, with their creature comforts, has compromised with nature or hidden from it rather than confronting it head-on.

Some drivers hitch up dogs through necessity. Dogs and sleds are more reliable than gasoline-powered snow machines for moving supplies, freight and mail to isolated communities and cabins in the dead of winter. Others set food on the runners for adventure. They simply enjoy the satisfaction of merging with the wilderness, traversing virgin country and developing the skills that form the foundation of arctic survival.

Occasionally the drivers would meet on a trail and it was always fun to race just to see who was the fastest. It was only a matter of time before their fun got serious and drivers started pitting themselves, not just against themselves and the environment, but also against the clock over a measured distance.

Those distances gradually extended themselves, from short 15-mile sprint tracks, to middle-distance, 400-mile events until one

Aus kurzen Sprints von 15 Meilen wurden 400 Meilen lange Mittelstreckenrennen, und eines Tages traten die Fahrer an, um mit einem einzigen Rennen die magische Zahl von 1000 Meilen zu überwinden.

In unserem Zeitalter der Space Shuttles und Überschallflugzeuge fliegen wir in ein paar Stunden um die ganze Welt und schicken über Satellitenverbindungen Nachrichten in Sekundenschnelle von einem Kontinent zum anderen. Da vergißt es sich leicht, wie lang 1000 Meilen wirklich sind und mit welcher Anstrengung eine solche Fahrt verbunden ist.

Es ist noch gar nicht so lange her, daß sich die Menschen (und mit ihnen die Nachrichten) nur mit Pferden, Kutschen, zu Fuß oder per Schlitten fortbewegen konnten. Was heute nur noch Stunden oder Sekunden in Anspruch nimmt, dauerte früher Wochen oder gar Monate und Jahre. In den meisten Teilen der Welt wurden die traditionellen Formen von Verkehr und Kommunikation zu Beginn des 20. Jahrhunderts durch moderne Technik ersetzt. Im Norden jedoch verlief diese Entwicklung viel langsamer – und für manche wird sie sich niemals vollziehen. Das erste Yukon Quest-Hundeschlittenrennen über 1000 Meilen fand zwar erst im Februar 1984 statt, doch sein Ursprung liegt schon beinahe ein Jahrhundert zurück. In den 80er Jahren des

day the drivers strove to surpass the magical figure of 1000 miles in a single race.

In this era of space shuttles and supersonic jets carrying people around the globe in a matter of hours, or satellite communications sending messages across continents in seconds, we tend to forget exactly how far 1000 miles really is and what kind of an effort is required to travel it.

Not so long ago, people and messages could travel only by horseback, stagecoach, by foot or by sled. What takes us a few hours or a few seconds to do today, used to take weeks, sometimes months or years, to complete. For much of the world, this change from traditional forms of travel and communication to technology started to occur at the dawning of the twentieth century. In the north, it has been a much slower transition and, for some, it will never come. While the first Yukon Quest 1000-mile Sled Dog Race was run in February, 1984, its origins are almost a century old. In the 1880s, gold prospectors, disillusioned by the dwindling number of valuable mineral finds further south, headed north into the Yukon River watershed. Small communities started to pop up where gold was discovered. Forty Mile in 1886. Circle City in 1892. Dawson City during the Klondike Gold Rush in 1896-1898. (Not exactly a small town: at it's peak Dawson City was the largest city on the

... wie als Zughunde für die Postschlitten

...and as draft dogs for the post sleds

WER ZIEHT DEN SCHLITTEN?

Als Hunde zu Beginn des Industriezeitalters unter und über Tage Loren zogen, galten sie als das Pferd des armen Mannes.

Der Mensch hat sich die Kraft der Caniden aber schon vor etwa 4000 Jahren zunutze gemacht.

In Zentralsibirien, nördlich des Baikalsees, scheint die „Wiege" der Schlittenhunde zu stehen.

Felsmalereien deuten darauf hin, daß Samojeden, Korjaken und andere Nomaden, die heute unter dem Namen „Tschutschken" firmieren, die Idee dazu hatten, ihre Rentier-Hütehunde auch als Zugtiere zu nutzen.

vergangenen Jahrhunderts gaben viele Goldsucher die Hoffnung auf, weiter südlich noch Edelmetall zu finden, und brachen zur Wasserscheide des Yukon River auf. Wo sie fündig wurden, entstanden bald kleine Siedlungen: 1886 die Stadt Fourty-Mile, 1892 Circle City und beim Goldrausch von 1896 bis 1898 Dawson City und Klondike (Dawson City gehörte allerdings nicht eben zu den kleinen Städten, sondern war in ihrer Blütezeit nördlich von San Francisco und westlich von Winnipeg die größte Stadt auf dem nordamerikanischen Kontinent).

Der Fluß Yukon, der seinen Namen vom indianischen „Yu Choo" („großer Fluß") erhalten hat, ist die neuntgrößte Wasserstraße der Welt. Vieles weist darauf hin, daß der Fluß bereits vor mehreren Jahrtausenden als Verkehrsweg genutzt wurde. Von den Europäern wurde der Fluß hingegen nicht vor 1834 entdeckt und erst 1852 vollständig erkundet und kartographiert.

Der Yukon wurde zur wichtigsten und schnellsten Verbindung zwischen den Goldfeldern im Inneren Alaskas und dem sagenumwobenen Klondike im zentralen Yukon. Um mit derart weiten Entfernungen und dem unwegsamen Gelände fertig zu werden, ersannen die Einwohner des Nordens unter Aufwendung all ihrer Fähigkeiten in dieser unwirtlichen Umgebung einen höchst originellen und ungewöhnlichen Postdienst. Am häufigsten nutzten die Briefträger den im Winter zugefrorenen Fluß als Verkehrsweg. Sie fuhren mit schweren Frachtschlitten, die von acht bis zehn hintereinander gespannten

North American continent north of San Francisco and west of Winnipeg, Manitoba).

The Yukon, taken from the Indian name Yu Choo, "Great River", is the world's ninth longest waterway and its watershed covers most of Alaska and the Yukon. While there is evidence of travel along it dating back thousands of years, it wasn't until 1834 that it wasn't until 1834 that is was discovered by Europeans and not until 1852 was it actually explored and mapped.

The river became the highway connecting the interior gold fields of Alaska with the fabled Klondike in the central Yukon, in the summer by boat and in winter by dog sled. With such massive distances and rugged terrain to negotiate, the residents of the north combined their resources with the environment to create a most unique and unusual postal service.

The mail carriers were the most frequent users of the trails on the winter river ice. They drove massive freight sleds pulled by eight to 10 large, powerful dogs hitched in single file. Occasionally, the mail carriers took passengers, but the passengers didn't ride. Their luggage could travel on the sled, but they had to run alongside, riding only when they needed a rest, to keep the sled as light as possible for the dogs. It was a livelihood filled with risk. The weather was an adversary. Temperatures could drop as low as minus 50 degrees Celsius. Snow storms could obliterate the trail and force the musher to break trail with his snow shoes for hundreds of miles. Ice fog could create a

großen und kräftigen Hunden gezogen wurden. Das Leben in dieser gefahrvollen Umgebung wurde durch das Klima noch erschwert. Die Temperaturen konnten bis auf minus 50 Grad Celsius fallen, und nicht selten wurden die Wege durch Schneestürme unbefahrbar, so daß sich der Musher über Hunderte von Meilen mit seinen Schneeschuhen einen Weg bahnen mußte. Manchmal war der Eisnebel so dick, daß der Postbote nicht das Schlittenende vor ihm sehen konnte. Durch überlaufendes Wasser, das in den bis zum Grund gefrorenen Flüssen keinen Weg mehr fand und nicht unter, sondern auf dem Eis floß, wurden Hunde und Musher bis auf die Haut durchnäßt, und auf blanken Eisstellen, von denen der Wind den Schnee gefegt hatte, verloren sie den Halt.

Auch das Wasser unter dem Eis des Flusses barg seine Tücken. Bei einer geringfügigen Veränderung des Wasserstandes konnte das Eis von der Flußströmung abgetragen werden, so daß eine sonst einen Meter dicke Eisdecke plötzlich kaum noch einen Zentimeter maß – zu dünn für Fahrer und Hunde. 1901 wartete ein Briefträger in einer der Hütten, die als Unterschlupf am Fluß gebaut wurden, geduldig auf einen verspäteten Schlitten. Als er schließlich flußaufwärts fuhr, um dem säumigen Team entgegenzukommen, fand er nur noch ein Loch im Eis und daneben eine Pelzmütze.

Postunternehmer wie Percy De Wolfe wurden zur Legende: Unter der beharrlichen Devise „Was man macht, das macht man

cloud so thick the mail carrier couldn't see the end of the sled in front of him. Overflow (where streams are frozen right down to the bottom and the water is forced ro run over the top of the ice rather than under it) would drench the dogs and mushers as they went through it. Glare ice (ice swept clear of snow by the wind) would make the footing uncertain.

The water running under the river ice also laid its own traps for the unwary. A slight change in the water level could result in the river current wearing away the ice covering it, reducing a surface that was a meter thick to less than a centimeter - not enough to bear the weight of the mail carrier and dog team traveling on it. In 1901, a mail carrier waited patiently for an overdue sled to arrive at one cabin (cabins were built the length of the river to provide shelter). Finally, he headed upstream, thinking he might meet the delinquent team. All he found was a hole in the ice with a fur hat lying beside it. Some of the mail carriers became legends, such as Percy De Wolfe, the "Iron Man of the North" who carried the mail from Eagle, Alaska, to Dawson City for 300 miles and was decorated by the Canadian government for his single-minded determination that a job worth doing was worth doing well. Or Charlie Biedermann, who ran the mail between Eagle and Circle City in the 1930s. They were mailmen not to be trifled with. Despite the fact that each round trip took days, the mail always got through on schedule, regardless of the weather or ice conditions.

WHO PULLS THE SLEDS?

When, at the beginning of the industrial age, dogs pulled trolleys above and below ground, they were regarded as the horses of the poor man.

But humans had already been making use of canine power for about 4000 years.

The "cradle" of the sled dog seems to be in Inner Siberia, to the north of Lake Baikal.

Rock paintings show that the Samoyed, the Koryak and other nomads, today combined under the name Chukchan, first had the idea of also using their reindeer herding dogs as draft animals.

Next to the Iditarod, the Yukon Quest is the longest race on the continent of North America: Both are over 1000 miles long.

26

Das Iditarod ist neben dem Yukon Quest das längste Rennen auf dem nordamerikanischen Kontinent: Beide gehen über 1000 Meilen

Next to the Iditarod, the Yukon Quest is the longest race on the continent of North America: Both are over 1000 miles long

richtig" beförderte der „eiserne Mann des Nordens" die Post von Eagle in Alaska 300 Meilen weit nach Dawson City und wurde dafür von der kanadischen Regierung mit einem Orden ausgezeichnet. Auch Charlie Biedermann, der in den 30er Jahren den Postverkehr zwischen Eagle und Circle City organisierte, gehörte zu den hartgesottenen Postleuten. Obwohl jede Rundfahrt mehrere Tage dauerte, erreichte die Post auch bei widrigsten Wetter- und Eisbedingungen stets pünktlich ihren Bestimmungsort. Biedermann hätte seinen Beruf sicherlich noch länger ausgeübt, wenn in den 40er Jahren nicht allmählich das Flugzeug die Oberhand gewonnen hätte. Während der folgenden 23 Jahre wurde die Postzustellung nach und nach von Hundeschlitten auf Flugzeuge umgestellt. Der letzte Fahrer quittierte 1963 den Dienst.

Zurück blieben die Reste eines Weges, der sich von Whitehorse im Norden über die Berge hinweg bis Dawson City wand, anschließend den Yukon River hinab bis nach Circle City verlief und über eine weitere Bergkette bis nach Fairbanks in Alaska führte. Nach und nach wurde der Weg von der Wildnis verschluckt und verschwand bis auf ein paar verstaubte Museumsstücke und gelegentliche geschichtswissenschaftliche Forschungsarbeiten beinahe vollständig aus dem Bewußtsein.

Im März 1983 betrat Roger Williams, ein ehemaliger Chemieingenieur aus Missisippi, der nun als Journalist für die Zeitung „Daily New Miner" von Fairbanks arbeitete, etwa 40 Kilometer nördlich von Fairbanks den Bull's Eye Saloon. Er hatte seinem Freund und Kollegen Leroy Shank bei einem kurzen Hundeschlittenrennen von einem anderen Saloon in Angel Creek bis zum Bull's Eye zur Seite gestanden. Als sich Roger und Leroy an den Tisch setzten, ahnten sie noch nicht, daß dieser Tag ihr Leben für immer verändern sollte. Ihr Gespräch begann wohl etwa so: „Mensch, dieses Rennen ist eine Wucht – wenn es nur ein bißchen länger wäre..." Das Bier floß in rauhen Mengen und half der Phantasie der Musher auf die Sprünge. Mit der Zeche wuchs auch die Rennstrecke: über den Eagle Summit bis nach Circle Hot Springs, dann weiter nördlich bis nach Circle City, dort auf den Yukon River („Nochmal dasselbe, bitte"), den Yukon River flußauf-

Biedermann would have continued carrying the mail, but the airplane started to take over in the 1940s. Over the next 23 years, the dog sled mail carriers were gradually replaced by the aircraft, with the final driver retiring in 1963.

They left behind the remains of a trail that snaked its way through the north, from Whitehorse, Yukon, over the mountains to Dawson City, then down the Yukon River to Circle City and across another range of peaks to Fairbanks, Alaska. A trail that gradually succumbed to nature's natural reclamation and virtually vanished from memory, except for dusty collections of memorabilia in museums and occasional research by historical academics.

In March 1983, Roger Williams, a former chemical engineer from Mississippi now working as a pressman for the Fairbanks Daily News Miner newspaper, sat down at a table in the Bull's Eye Saloon - about 40 miles north of Fairbanks. He had agreed to assist his friend and co-worker, Leroy Shank, with a short sled dog race from one saloon, Angel Creek, to another, the Bull's Eye. The race was over and it was time for a drink with some of the other dog drivers. Roger and Leroy had no idea, when they sat down at that table, that it would change their lives forever. The conversation started out something like this: "God, this is a fun race. Wouldn't it be nice if they could make it a little longer." The beer was flowing easily and the musher's imaginations started to get well lubricated. As the bar bill got longer, so did the race. It went over Eagle Summit to Circle Hot Springs. Then north to Circle City, on the Yukon River. ("We'll have another round here please"). The race turned east, up the Yukon River to Eagle, finally across the United States-Canada boundary to Dawson City ("More beer!"). Through the central Yukon to Whitehorse.

Eventually it reached Los Angeles, California, despite an acute lack of snow for the southern end of the trail - but with enough beer, who needs snow? At this point, the saloon closed for the night and, by morning, the race had come to a sobering conclusion for most of the participants. But not for Roger and Leroy.

Leroy remembered the conversation because he believed there should be a major

wärts Richtung Osten bis nach Eagle, schließlich über die kanadisch-amerikanische Grenze bis nach Dawson City („Mehr Bier!") und durch das zentrale Yukon bis nach Whitehorse. Obwohl sich die Wegverhältnisse gen Süden hin allmählich aufgrund von Schneemangel verschlechterten, wurde das Rennen eifrig bis nach Los Angeles in Kalifornien weitergeplant (wer braucht schon Schnee, solange noch Bier da ist?).

Leroy blieb die Unterhaltung vor allem deshalb im Gedächtnis, weil er der Meinung war, daß es an einem bedeutenden Rennen speziell für kleine Hundehalter und Freizeit-Musher wie ihn selbst mangelte. Er hatte erfolgreich an zwei Iditarods teilgenommen (ein 1000 Meilen langes Alaska-Rennen von Anchorage bis Nome, damals das weltweit einzige Langstreckenrennen für Hundeschlitten), doch bei diesen Rennen gaben seiner Meinung nach die Elitefahrer der großen Hundebesitzer den Ton an, während die „Camper" wie Bürger zweiter Klasse behandelt wurden. Gefragt war ein Rennen, bei dem es keine Unterschiede zwischen den langsameren Teams und den erfolgreichen Teilnehmern geben dürfte. Es müßte eine echte Herausforderung sein. Für die Teams dürfte es keine Hilfe von außen geben – die Musher müßten ganz auf sich selbst gestellt ihre Erfahrungen in der Wildnis und ihre Survival-Kenntnisse einsetzen. Vor allem aber müßten alle Teilnehmer unter Androhung der Disqualifikation verpflichtet werden, die Hunde ihres Teams optimal zu versorgen. „Ich sagte: ‚Es muß noch etwas anderes geben. Ich meine, was jetzt an Langstreckenrennen geboten wird, kann

race just for the small kennel owner and recreational musher like himself. He had finished two Iditarods (a 1000-mile race from Anchorage to Nome, Alaska, which was the world's only long-distance sled dog race at that time), but felt that it catered to the elite racers from the large dog kennels and treated the "campers" as second-class citizens. There was a need, he believed, for a race that treated everyone, the teams at the back of the race as well as the competitive racers, equally.

It had to be challenging and the mushers had to be totally self-reliant - there could be no outside assistance for the teams, forcing the mushers to use their arctic survival knowledge and wilderness experience. But, most of all, all competitors would have to provide the best dog care possible to their teams. Failure to do so would result in failure to finish. "I said, 'there's got to be something besides this. I mean, there's got to be more to long distance racing or there's got to be an alternative.' Alternative. That word kept going through my mind. I also thought of all those people in Fairbanks that invested all their time in the Iditarod. I thought there's got to be something from Fairbanks."

Roger wasn't a musher. The conversation stayed with him because of a fascination he had developed with northern history.

Two years earlier, he and his wife, Jocelyn, had stopped in Whitehorse, Yukon, for a one-night stay while driving up the Alaska Highway. They were escaping the big city life they had been living in the southern United States. They didn't know much about

einfach nicht alles sein. Es muß noch eine Alternative geben.' Alternative – das Wort ging mir anschließend nicht mehr aus dem Kopf. Außerdem mußte ich an die ganzen Leute in Fairbanks denken, die so viel Zeit bei den Iditarods verbrachten. Für sie, dachte ich, müßte es etwas in Fairbanks geben." Roger wiederum war selber kein Musher. Ihm blieb das Gespräch in Erinnerung, weil er ein Gespür für die Geschichte des Nordens entwickelt hatte.

Zwei Jahre zuvor hatte er mit seiner Frau Jocelyn in Whitehorse (Yukon) übernachtet, als sie den Alaska Highway hinauf nach Norden fuhren, um dem Großstadtleben im Süden der USA zu entkommen. In Whitehorse entdeckten sie das McBride-Museum und durchstöberten zwei Tage lang jeden einzelnen Raum des kleinen Blockhauses. Anschließend hatte sich der Norden für sie für immer verwandelt. Roger entdeckte eine nostalgische Welt aus der Zeit, als Flugzeuge, Autobahnen, Radio oder Telefon noch nicht erfunden waren. Er lernte die sagenumwobene Mystik des Goldes kennen, das seit Jahrhunderten unter Eis und Schnee verborgen lag – eine Geschichte, die in Goldunzen gemessen wurde und von Menschen geprägt war, die auf der Suche nach dem edlen Metall Tod und Verderben gefunden hatten. Er fand eine Zeit, in der es noch echte Helden gab, von denen einige durch ihre Taten berühmt wurden, die meisten aber unbekannt blieben, da Heldentum schlicht zum Lebensstil gehörte.

So wurde Roger auf seine Weise zu einem Hundeschlittenfahrer auf der Suche nach den romantischen Phantasien der

the north, just that it didn't have a lot of big cities and that it was far away from everything - the perfect place to escape to.

While in Whitehorse, they discovered the McBride Museum and spent two days prowling from room to room in the small log structure. They would never look at the north in quite the same way again.

Roger Williams discovered a nostalgia that harkened back to a time before airplanes, highways, radios and telephones. He uncovered the fabled mystique of the gold that lay hidden under the ice and snow for centuries. A history measured in ounces and lives lost or ruined in its pursuit. He found a time when there were true heroes: some lauded for their feats, most unrecognized since being a hero was just a way of life.

In his own way, he became like a dog driver, seeking the romantic fantasy of the pioneer. But rather than trying to find it on the back of a sled following the spirits of the long-dead mail drivers who preceded him, Roger sought to understand the common threads that joined the Yukon and Alaska through a shared history and the unique society which that legacy produced.

"We are really one distinctive type of people, those of us who live either in the Yukon or Alaska or the Northwest Territories by choice. The only thing that really divides us are political boundaries." The conversation in the Bull's Eye Saloon re-awakened that feeling for him. "Once we got to the Yukon River, I thought, 'Well, we're at the Yukon River. There's a trail all the way into the Yukon. We

Rick Mackey gewann das Quest 1997

Rick Mackey won the Quest in 1997

Pioniere. Doch statt bei seiner Suche auf einem Schlitten dem Geist längst verstorbener Postfahrer zu folgen, bemühte er sich darum, die Gemeinsamkeiten zu ergründen, die Alaska und Yukon während ihrer gesamten Geschichte miteinander verbunden haben. „Wer wie wir aus freien Stücken im Yukon, in Alaska oder in den Northwest Territories lebt, gehört schon zu einem ganz besonderen Menschenschlag. Das einzige, was uns wirklich trennt, sind die politischen Grenzen." Beim Gespräch im Bull's Eye Saloon wurde dieses Gefühl wieder in ihm wach. „Als wir beim Yukon River angelangt waren, dachte ich: ‚Okay, jetzt sind wir also am Yukon River. Vor uns liegt ein Weg bis weit hinein nach Yukon. Wir könnten ein Rennen veranstalten, ein internationales Rennen. Und außerdem würden wir einem historischen Pfad folgen. Wir könnten hier etwas veranstalten, das wirklich ein Zeichen setzen würde'."

Die Wege waren alle noch vorhanden. Einst von den Schlittenpostfahrern angelegt, hatten sie früher alle wichtigen Goldfelder von Zentralalaska und Yukon miteinander verbunden und warteten jetzt nur darauf, wieder befahrbar gemacht zu werden. Menschen mit Visionen lassen sich durch so gut wie nichts entmutigen. Doch einer Idee zu folgen ist oft nicht einfach. Leroy und Roger waren zwei gewöhnliche Arbeiter, die zwar eine Vorstellung hatten, doch nur wenig Einfluß, um sie zu verwirklichen. Zu ihrer ersten Versammlung kamen nur sieben Interessenten. Beim zweiten Mal waren es schon ein paar mehr. Ihr Enthusiasmus und missionarischer Eifer ließ sie weitermachen und steckte schließlich auch andere an. Allmählich wuchs die Organisation und fand auch in den kleinen Siedlungen entlang der geplanten Rennstrecke Anhänger.

„Bei einer Versammlung in Central", erinnert sich Shank, „kamen ungefähr 40 Leute. Mein Gott, ich hatte keine Ahnung, daß in Central überhaupt so viele Leute wohnen!" Als das Rennen begann, waren auf beiden Seiten der Grenze beinahe 300 Menschen in sieben Siedlungen an der Veranstaltung beteiligt. Endgültig zur Realität wurde das Rennen, als sich im November 1983 Murray Clayton, ein Fischer aus Haines in Alaska, offiziell als erster Teilnehmer anmeldete. Jetzt hatten Leroy und Roger nicht nur eine

could run a race. An international race. And it also follows a historical trail. We could really do something that makes a statement'."

The trails, which connected all of the major gold fields in central Alaska and the Yukon and had been created by the dog sled mail service, were still there – waiting to be rebroken.

Visionaries are hard people to discourage. They tend to focus on a goal and you either get swept up in the cause or you get left behind. They are Davids who seek out Goliaths, not to slay them, but to sway them to their purpose. Or they plant small seeds, expecting them to grow into great trees.

It is not always an easy job being a visionary. Leroy and Roger were just two working guys with an idea and very little influence to make it a reality. Their first meeting drew only seven other interested people. The second one, a few more. Their enthusiasm and evangelical zeal kept them going and started to get other people excited. The organization started to grow, expanding into the small communities along the proposed race route.

"We held a meeting in Central," remembers Shank, "And about 40 people turned up. Hell, I didn't even know 40 people even lived in Central." By race time there were almost 300 volunteers in seven communities on both sides of the border involved in the event.

The race reached the point of no return when Murray Clayton, a commercial fisherman from Haines, Alaska, became the first official entry in November, 1983. Now, Leroy and Roger not only had a race route, checkpoints and volunteers, they also had a competitor.

When a snow machine drove through his back yard, near the town of Central, Alaska, with its driver putting trail markers in the snow, trapper Don Glassburn wondered what was going on. He had never heard of the Yukon Quest, but when he heard that it was a race, he entered to run it just out of curiosity. The race had another competitor.

There was still a lot of skepticism in the mushing world about this new race, but there were enough other dog drivers to bring the total starting line-up in the Bull's

ALASKAN HUSKY

Hündinnen und Rüden dieser Rasse sind es, die sich auf den anspruchsvollsten Rennen dieser Erde in die Siegerlisten eintragen. Es sind „nordische Hunde", die nicht zum Kreis der eingetragenen Schlittenhunde zählen. Schnelligkeit, Kraft, Ausdauer und Widerstandsfähigkeit sind die Hauptmerkmale dieser Tiere. Der „desire to go", der „Wille zu laufen" ist bei diesen Tieren besonders stark ausgeprägt.

ALASKAN HUSKY

It is dogs and bitches of this breed which take the winning places in the world's most demanding races. They are "northern dogs", not included in the group of registered huskies. Speed, power, endurance and resilience are their outstanding features. The "desire to go" is particularly pronounced in these animals.

SIBIRIAN HUSKY

Die Tschuktschen züchteten in Sibirien diesen schnellen und sanftmütigen Hund. Man sagt diesem verspielten und kräftigen Tier nach, daß er mehr von einer Katze als von einem Hund habe. 1909 meldete ein russischer Händler erstmals ein Sibirian-Husky-Gespann bei einem Schlittenhunderennen in Alaska an. Die zierlichen Hunde liefen dabei ungemein schnelle Zeiten. Als ausgeprägtes Rudeltier hat der Sibirian Husky ein Gefühl für Rangordnung. Durch seine äußere Erscheinung, oft mit blauen Augen „gesegnet", wurde der anmutige Schlittenhund (leider) manchmal schon als Modetier angeschafft.

SIBERIAN HUSKY

The Chukchan bred this fast and good-natured dog in Siberia. It is said of this playful and powerful animal that it is more like a cat than a dog. In 1908, a Russian trader first entered a Siberian husky team in a sled race in Alaska. Here, these slender dogs ran remarkably fast times. Being a strongly pack oriented animal, the Siberian husky has a strong sense of rank. Thanks to its appearance, often "blessed" with blue eyes, this attractive sled dog has sometimes (sadly) been acquired merely as a fashion accessory.

Rennstrecke, Checkpoints und Freiwillige, sondern auch einen Teilnehmer.

Als der Fallensteller Don Glassburn sah, wie gleich hinter seinem Haus ein Motorschlitten hielt und der Fahrer im Schnee Wegmarkierungen anbrachte, wollte er Näheres wissen. Vom Yukon Quest hatte er noch nie gehört, aber als er erfuhr, daß es sich um ein Rennen handelte, machte er aus purer Neugierde mit. Viele Musher standen diesem neuen Rennen noch eher mißtrauisch gegenüber, doch es gab genug andere Fahrer, die sich im Bull's Eye Saloon versammelten, wo sie eine Nacht lang das Phantasierennen planten, das am 25. Februar 1984 als erstes Yukon Quest in Fairbanks (Alaska) begann. Während der nächsten drei Wochen erreichten 20 Teams die 1000 Meilen entfernte Ziellinie in Whitehorse (Yukon).

Seither haben 14 weitere Yukon Quests stattgefunden, die in Jahren mit geraden Zahlen in Fairbanks beginnen und bei ungeraden Jahreszahlen in Whitehorse (mit Ausnahme von 1998, wenn das Rennen wieder in Whitehorse stattfindet, um den 100. Jahrestag des Goldrauschs vom Klondike zu feiern). Durch diesen wechselnden Startort sind zwei verschiedene Rennen entstanden, da beim Rennen nach Whitehorse eine andere Strategie gebraucht wird als in umgekehrter Richtung. Für das langsamste Rennen, bei dem sich die Teilnehmer wegen schwerer Schneestürme fast 600 Meilen weit einen Weg bahnen mußten, benötigte 1986 der Sieger (der inzwischen verstorbene Bruce Johnson aus Atlin in British Columbia) etwas mehr als zwei Wochen. Das schnellste Rennen absolvierte Frank Turner aus Whitehorse 1995 in 10 Tagen und 16 Stunden. Am wärmsten war es beim Rennen von 1997, während die Teams 1987 in der letzten Woche des kältesten Rennens jeden Tag Temperaturen von minus 50 Grad Celsius aushalten mußten. Der Verlauf der Rennstrecke hat sich leicht geändert: Statt zwei Bergketten müssen nun drei überquert werden. Während der 13 Jahre haben am Rennen 400 Menschen mit 5600 Hunden aus Alaska, Yukon, dem Süden der USA, Kanada, Japan, Deutschland, Finnland, Frankreich, Schottland, Norwegen und der Schweiz teilgenommen.

Eye Saloon and spent the night concocting a fantasy race, on February 25, 1984, in the first Yukon Quest started in Fairbanks, Alaska. Over the next three weeks, 20 teams reached the finish line 1,000 miles away in Whitehorse, Yukon. (The final team, driven by Shirley Liss of Fairbanks, actually had to finish 120 miles short of the finish line. By the time she arrived in the final checkpoint in Carmacks, Yukon, the ice on the Yukon River had started to melt and it was unsafe for her to complete the distance. She was declared an official finisher of the event even though she didn't complete the entire race). Since then, there have been 14 more Yukon Quests, starting in Fairbanks in even numbered years, in Whitehorse in odd numbered years (the exception is 1998, when the race starts in Whitehorse again to celebrate the 100th anniversary of the Klondike Gold Rush). The rotation for starting between Fairbanks and Whitehorse has, in reality, created two different races since the strategies needed to race in one direction are not the same that are needed to travel in the opposite direction.

The slowest race, which featured massive snow storms forcing the competitors to break trail for 600 miles, took its winner, the late Bruce Johnson of Atlin, British Columbia, just over two weeks to complete in 1986. The fastest race, won by Whitehorse's Frank Turner in 1995, took 10 days, 16 hours to finish. The warmest race was in 1997. The coldest, in 1987, when teams had to endure minus 50 degrees Celsius temperatures every day for the final week of the race. The route has changed a bit. Instead of two mountain ranges to cross, there are now three. There have been 400 competitors over the years, from Alaska, the Yukon, the southern United States, across Canada, Japan, Germany, Finland, France, Scotland, Norway and Switzerland, racing 5,600 dogs.

Described by its participants as "the world's toughest race", it has become The Last Great Adventure. It is a rare professional sporting event where the champion will be waiting at the finish line a week later to greet the "red lantern" winner (the red lantern is given out to the final finisher of each race as a symbol that his or her job is finally done and everyone ahead of them has arrived safely), but it has happened at the

Das von den Teilnehmern als „härtestes Rennen der Welt" bezeichnete Ereignis ist zu einem der letzten großen Abenteuer geworden. Es gibt wohl wenige andere Sportveranstaltungen, bei denen der Sieger eine Woche später an der Ziellinie darauf wartet, den Gewinner der „roten Laterne" zu begrüßen (der letzte eintreffende Teilnehmer erhält eine rote Laterne, mit der symbolisiert wird, daß nun auch er am Ziel ist und alle anderen vor ihm sicher angekommen sind). Auf dem Yukon Quest kann man so etwas erleben, denn dieser Wettbewerb ist nicht nur ein Rennen, sondern auch ein Ausdruck des nördlichen Lebensstils.

Der Rechtsanwalt David Monson, der das Quest 1988 gewann, beschreibt die Gefühle der Schlittenfahrer bei Leroys und Rogers Phantasierennen so: „Für mich steht das Yukon Quest für Abenteuergeist und für eine Fahrt durch eine der schönsten Landschaften der nördlichen Breiten – in gewisser Hinsicht sogar sicher die schönste der Welt. Beim Quest geht es um Kameradschaft und Gemeinschaft, um Wettkampf, Einsamkeit, Entbehrungen und Schmerzen – und um den Willen zum Durchhalten und Siegen. Es ist all das zugleich. Es ist der Musher und der Hund, die gemeinsam den Elementen trotzen, und die Teamarbeit zwischen den beiden, um alle Widrigkeiten zu überwinden und ans Ziel zu kommen."

Yukon Quest because it is as much a statement on the northern lifestyle as it is a race.

David Monson, a lawyer and the 1988 champion, summed up the way the dog drivers feel about Leroy and Roger's fantasy race. "To me, the Yukon Quest is a spirit of adventure, of travel through some of the prettiest country in the northern latitudes – certainly, in it's own respect, the prettiest in the world. It's about camaraderie and companionship, competition, loneliness, hardship and pain, the will to persevere and succeed. It's all these things rolled into one. It's the musher and dog in companionship against the elements and the teamwork between the two that helps you overcome the obstacles and achieve your goal".

Carmacks, letzter Checkpoint vor dem 300 Meilen entfernten Dawson

Carmacks, last checkpoint before Dawson, 300 miles away

Mark May belegte 1997 den vierten Platz

Mark May took fourth place in 1997

YUKON QUEST:
DAS RENNEN VON 1984

Δ *Yukon Quest: the 1984 Race* [von/by John Firth]

Es gibt einen Punkt, an dem es keine Müdigkeit mehr gibt, keinen Hunger, keinen Schmerz, kein Bedürfnis. Es raubt einem die Stimme. Es verschließt die Ohren. Es überzieht deine Hände. Bedeckt die Nase. Nimmt die Sicht. Es ergreift das ganze Sein. Es schleicht sich ein ins Unterbewußtsein, berührt deine Seele und hält dir einen Spiegel vor.

Das ist der Moment. Leroy Shank empfand ihn, als er auf einer harten Holzbank saß und die Kirchenglocken hörte, die die Ankunft des ersten Teams in der abgelegenen Gemeinde Eagle, Alaska, ankündigten. Ein untersetzter, stämmiger Mann, der sonst nie Emotionen zeigte, aber dieser Augenblick erschütterte ihn, und er weinte frei heraus.

„Es war morgens, die Sonne strahlte, und man konnte Eagle Bluff sehen, und er kam durch diesen wunderschönen weißen Schnee. Und gerade als er an der Ecke auftauchte, begann die Kirchenglocke zu läuten. Und oh Mann! Das jagte mir Schauer über den Rücken ... ich hatte Tränen in den Augen. Ich sagte nur 'mein Gott'. Und alle waren begeistert, sie hatten nie zuvor ein Rennen gesehen. Es war unwichtig, wer es war. Sie sagten einfach, 'Oh mein Gott, sieh dir das an. Es wird wahr. Er ist es'."

Für Roger Williams kam dieser Augenblick auf einem Eisenbahnwagen in Whitehorse, Yukon.

Δ *There is a point in time when there is no fatigue. No hunger. No pain. No need. It steals your voice. It plugs your ears. It gloves your hands. Covers your nose. Blinds your vision. It seizes your physical being. It steals into your subconscious and touches your soul, releasing that which we all hold deep inside. It is the moment.*

Leroy Shank felt it sitting on a hard wooden bench, listening to the church bells ringing in the first team to reach the isolated community of Eagle, Alaska. A stocky, driven man, not given to emotional displays, the moment shattered him and he openly wept.

"It was in the morning and that sun was beating down there and you could see Eagle Bluff and he came around that corner through that beautiful white snow. And just as he popped around that corner, that church bell started ringing. And Man! That just sent chills up my spine ... I had tears in my eyes. I just said, 'Good grief.' And all those people were so excited because they had never seen a race before. They didn't even care who it was. They just said, 'Oh my God. Look at that. It's happening. It's him.'"

The moment arrived for Roger Williams while standing on a rail car in Whitehorse, Yukon. A man with an insatiable curiosity for knowledge, who lived for being in constant touch with everything around him – he suddenly found himself alone and isolated in the middle of the crowd. The noises around him faded. The cold vanished. He sought the

Trockener Schnee von November bis März: Aus solchen Trails sind die Träume des Mushers gemacht

Dry snow from November till March. The musher's dreams are lived out on such trails

MALAMUTE

Als „Lokomotive des Hohen Nordens" wird diese Rasse oft tituliert.

Kraft hat er auch, der Malamute (unten), der nach einem Indianerstamm im Nordwesten Alaskas benannt wurde.

Mit bis zu 64 Zentimeter Schulterhöhe und einem Gewicht von bis zu 40 Kilogramm ähnelt er nicht selten einem starken Wolf.

Durch seine Mähne wirkt der Malamute oft etwas kompakt. Er gilt als anschmiegsam, intelligent und verspielt.

Bei Rennen erreicht er nicht die Geschwindigkeiten seiner kleineren Vettern.

Ein Mann, mit einer unersättlichen Wissensbegierde, fand sich selbst plötzlich allein und isoliert mitten in der Menge.

Der Lärm um ihn herum schwand, die Kälte verschwand. Er suchte die Sonne und den Schnee und den Blick auf das erste Team, das aus den Eis-Canyons, die der Yukon geformt hatte, auftauchte. Aber er sah nur einen Versammlungsraum in Fairbanks vor sich, wo er ein halbes Jahr zuvor mit seinem Freund Leroy Shank vor der Spitze der Geschäftswelt der zentralen Hauptstadt von Alaska stand.

„Wir sagten ihnen, was wir planten. Sie standen alle auf und lachten. Sie meinten: 'Das schafft ihr nicht. Es gibt keine Möglichkeit, daß ihr das je machen könnt.' Doch als Sonny die Linie überquerte, wußten wir, es war zu machen, weil einer es geschafft hatte."

Zwei Wochen davor hatten Leroy und Roger im Nordwind gestanden, der durch die Cushman Street in Fairbanks fegte, und waren gespannt, ob jene Geschäftsleute sich geirrt hatten oder nicht. Die beiden „Quest-Väter" hatten sechs Monate gebraucht, um diesen Tag vorzubereiten. Sie hatten alles getan, was möglich war, jetzt würden sie erfahren, ob es zu schaffen war.

Um sie herum der milchige Dunst und der ohrenbetäubende Lärm, den 330 Hunde erzeugen können, wenn sie auf engem Raum zusammengepfercht sind. Zwischen den zerrenden, bellenden, springenden, jaulenden Tieren liefen die Musher nervös umher, packten ihre Schlitten und spannten ihre Teams für den Start des ersten international-

sun and the snow and the sight of the first team to emerge from the canyons of ice that was the Yukon River, but saw only a meeting room in Fairbanks six months earlier, where he stood with his friend Leroy Shank before the business elite of the central Alaskan metropolis.

"We told them what we had in mind. They all stood up and laughed. They said, 'You can't do it. There's no possible way you can ever do it.' And when Sonny crossed that line – if nobody else ever made it across the finish line, it could be done because one guy did it."

Two weeks earlier Leroy and Roger had stood in the swirling north winds whipping down Cushman Street in Fairbanks and wondered whether those businessmen had been right or not. They had spent six months preparing for this day. They had done everything that could be done and now they would find out if it could be done.

Around them was the meaty fog and deafening din that 330 dogs can generate when packed into a small pace. Walking between the lunging, barking, leaping, yowling animals, their mushers nervously went about the business of packing their sleds and hitching up their teams for the start of the first Yukon Quest International Sled Dog Race. For them also, it was a journey into the unknown. It had been over 40 years since the Fairbanks to Dawson portion of this trail had been traveled in its entirety by dog sled and, according to all historical records, no one had ever made the entire Fairbanks-Whitehorse trip by dog

en Yukon Quest-Hundeschlittenrennens an. Auch für sie war es eine Reise ins Unbekannte. Vor mehr als 40 Jahren war der Trail von Fairbanks bis Dawson mit Hundeschlitten zurückgelegt worden. Nach allen historischen Unterlagen war aber nie zuvor die gesamte Strecke Fairbanks-Whitehorse bewältigt worden.

Der erste Musher, der auf den Yukon Quest ging, war ein großer Berufsfischer aus Haines, Alaska, Murray Clayton. Die Startpositionen waren zwei Tage zuvor durch Los festgelegt worden.

Bruce Johnson aus Atlin, British Columbia, war der erste Musher, der sich verirrte: Bruce war noch nicht einmal aus der Stadt, als er verlorenging. Schon in der Cushman Street beschlossen seine Hunde, einen Abstecher in den Stadtkern von Fairbanks zu machen und bogen in eine Seitenstraße ab. Bruce, der mit Fairbanks nicht vertraut war, bog noch einige Male falsch ab, ehe er schließlich wieder auf den richtigen Trail zurückfand.

Am ersten Tag führte der Trail am Chena River entlang und schlängelte sich dann durch die Vorgebirge bis nach Chena Hot Springs, etwa 90 Meilen von Fairbanks entfernt.

Mitten im Winter sind die Tage kurz. Die Dunkelheit setzte am frühen Nachmittag ein, als die Teams noch weit von Chena Hot Springs entfernt waren. Die Hunde rannten weiter – ihre Nachtsichtigkeit ist besser als die der Musher, und der Leithund sucht den

sled. The first musher to ever enter the Yukon Quest had been a tall commercial fisherman from Haines, Alaska, Murray Clayton. But starting positions had been determined two days before the start in a random draw.

'Pecos' Humphries, a trapper from Talkeetna, Alaska, would be recorded in history as the first driver to start. This first part of the trail would take them down to the end of Cushman Street, then they would drop onto the Chena River and head out of the city.

Bruce Johnson, from Atlin, British Columbia, would be the first musher to ever get lost. Getting lost while racing on a trail through the wilderness is not an unusual experience for long-distance mushers, but Bruce didn't even get out of town before going astray. Halfway down Cushman Street his dogs decided to take a tour of the downtown core of Fairbanks and turned off down a side street. Not being familiar with Fairbanks, Bruce made a couple more wrong turns before finally getting back on the right trail.

The first day was run along the Chena River then twisted through the forested foothills to Chena Hot Springs, about 90 miles from Fairbanks. It was a fairly easy day with the weather staying about minus 20 degrees under a clear, sunny sky with little wind – just about perfect for a dog team putting in a long day of work.

In mid-winter the days are short. Darkness arrived in the early afternoon when the teams were still a long distance from Chena

MALAMUTE

These dogs are often called the "Locomotive of the North".

Strong too, the Malamute (below), named after an Indian tribe in north-west Alaska.

With a shoulder height up to 64 cm and weighing up to 40 kilos he likens a strong wolf.

The mane makes the Malamute look compact. They're affectionate, intelligent and playful.

He doesn't reach the racing speeds of his smaller cousins.

Laufen als Lebensinhalt: Die Alaskan Huskys, keine reinrassigen Hunde, sind die Stars bei den Langstreckenrennen

Racing as a life: The Alaskan Husky, not a pure-bred dog, is the star of the long-distance races

harten, verdichteten Schnee des vorbereiteten Trails. Die Fahrer benutzen Kopflampen, um den reflektierenden Trailmarkierungen zu folgen, die den Weg zeigen und Kurven und gefährliche Stellen anzeigen (zum Beispiel überhängende Bäume oder Zweige, die die Musher eventuell im Dunkeln vom Schlitten fegen könnten).

An diesem ersten Tag gab es nur einen Unfall. John Two Rivers, ein eingeborener Trapper aus Alaska, „setzte" seinen Schlitten gegen einen Baum. Er konnte den Schaden nicht reparieren und war der erste Fahrer, der aus dem Rennen genommen wurde.

Der zweite Tag gab den Mushern eine Ahnung, was ihnen und ihren Hunden bevorstand. Hinter Chena Hot Springs mußten die Teams den Rosebud und den Boulder Summit erklimmen, dann quälten sie sich über den Eagle Summit – ein gewundener, steiler, eisiger Anstieg oberhalb der Baumgrenze, der in die Wolken zu führen scheint.

Die Musher konnten erkennen, daß sich ein Sturm ankündigte. Einige der sehr früh gestarteten Teams hatten Glück. Sie stahlen sich ohne allzuviel Probleme durch, aber im Verlauf des Tages nahm der Wind an Stärke zu, bis die Gipfel im treibenden Schnee verschwanden.

Der Wind ist wahrscheinlich der größte Widersacher eines Hundeteams. Er kann den Boden blank fegen und das Gespann zwingen, über Kies und Felsen zu laufen oder hinein in massive weiße Wellen, die sich über den Teams türmen. Er kann den Schnee

Hot Springs. The dogs continued to run – their night vision is better than the mushers' and the lead dog seeks the hard packed snow of the prepared trail. The drivers use headlamps to aid themselves along the trail. Reflective trail markers show the way and indicate corners or dangerous areas such as over hanging trees or branches that could knock them off their sleds in the dark.

There was only one casualty on the first day. John Two Rivers, a native trapper from Alaska, smashed his sled against a tree. He was unable to repair the damage and became the first driver to "scratch" or withdraw from the race.

The second day gave fair warning of what the rest of the race was going to be like. Leaving Chena Hot Springs, the teams had to climb up Rosebud and Boulder Summit, then cross Eagle Summit – a tortuous, steep icy ascent above the treeline, into the clouds, that gave no opportunity to stop and rest before dropping down the other side of the mountains into the Circle Gold District.

Looking up from the bottom, the mushers could see a wind storm developing. A few of the early teams were lucky. They sneaked through without too much trouble, but as the day progressed the winds continued to increase in velocity until they obscured the peaks in blowing snow. Wind is possibly a dog team's greatest foe. It can scrape the land bare – forcing them to travel over gravel and rocks – or drift snow into massive, white waves that tower above the

in so dicken Wolken hochjagen, daß man die Hand vor Augen nicht sieht. Man sieht absolut nichts. Man weiß nicht mehr, wo man ist.

Der Treibschnee kann das Gesicht mit einer solchen Wucht bombardieren, daß sich jede Schneeflocke anfühlt, als ob sie die Haut durchdringt. Oder er kann das ganze Gesicht mit einer Eismaske überziehen, die Augen verschließen. Hunde drehen dem Sturm instinktmäßig den Hintern zu und versuchen, sich bestmöglich zu verstecken. Dann muß der Musher einen Weg finden, das Team in Bewegung zu halten, ansonsten können alle sterben.

Aber die größte Gefahr ist, daß weder der menschliche Körper, noch der der Hunde so gebaut ist, daß er dem Nordwind widerstehen kann. Blizzards können ungeschützte Haut in Sekunden erfrieren lassen. In wenigen Minuten entziehen sie dem Menschen die Wärme und verwandeln das natürliche Heizsystem des Körpers in eine potentielle Gefahrenquelle. Das Gehirn sendet dann an den Körper verwirrte Warnungen: Sie treiben den Menschen in Panik oder rauben ihm seine Empfindung für die Umgebung, und das kann möglicherweise zum Tod durch Untertemperatur führen.

Für die Hunde ist eine solche Situation noch fataler – sie gefriergetrocknen sprichwörtlich. Die trockene Kälte absorbiert die Feuchtigkeit, die die Tiere ausatmen. Die Gespannführer müssen oft anhalten, damit die Hunde Wasser saufen können. Doch meist haben die Huskys dann keinen Durst

teams. It can blow up the snow in clouds so thick you can't see your hands in front of your face. You can't see anything. You don't know where you are.

Entire teams, caught by a gust of wind, can be tossed over cliffs or across glaciers. The driven snow can bombard your face with such force that each snow flake feels as if it is penetrating your skin. Or it can coat your entire face in a mask of ice, pinching your eyes shut and burning into your flesh. When this happens to a dog, their natural instinct is to turn their back to the wind and try to hide from the frigid blast. At that point the musher must find a way to keep the team moving, or they may all die.

But it's greatest danger is that neither the human body or the dog is designed to resist the northern wind. Moving arctic air can freeze exposed skin in seconds. It drains the heat from a person in minutes and turns the body's natural heating system into a potential liability. The mind then sends confused warnings to the body: warnings that can panic the individual or deprive them of their sensitivity to the environment around them, resulting in possible death from hypothermia (a condition where the human body is no longer capable of generating heat and the individual literally freezes to death).

It is harder for the dogs – they literally freeze-dry. The dry cold absorbs the moisture they breath out and sucks it out of their skin faster than the musher can replace it. The teams must stop often and the dogs must be watered. When a dog starts to get dehy-

Keizo Funatsu (Japan) nahm 1989/90 mit Schlittenhunden an der „Trans-Antarctica" teil. Die Aufnahme entstand beim Yukon Quest 1997

Keizo Funatsu of Japan took part in the 1989/90 "Trans-Antarctica" with sled-dogs. This picture was taken during the 1997 Yukon Quest

Wie bei der Armee: Schlafen und ruhen in Stockbetten – bis zum Einsatz

Like in the army: They rest and sleep in bunk beds until duty calls

Booties gehen schnell verloren – etwa 60.000 Stück brauchen die Teams für das Yukon Quest

Booties are quickly lost – the teams on the Yukon Quest use some 60,000

mehr, aber wenigstens haben die Tiere noch Hunger. Das Fressen muß dann entsprechend gewässert und der Hund so zum Saufen überlistet werden.

Der Sturm wurde immer stärker und zwang die Teams dazu, auf der Lee-Seite des Gipfels Schutz zu suchen. Mehrmals versuchten einzelne Schlittenhundeführer die Überquerung, doch sie wurden zurückgetrieben. Schließlich, angeführt von Daryl Adkins aus Alaska, banden sich fünf Teams aneinander und stellten sich nochmals dem Sturm entgegen. Der Blizzard bedeckte die Gesichter der Hunde mit Eis, fror ihre Augen zu, aber ihr absolutes Vertrauen in Daryl gewann die Oberhand über ihren natürlichen Instinkt. Sie reagierten einwandfrei auf seine Kommandos, während er vor ihnen im Sturm ging und die Überquerung schaffte – es ist vielleicht eines der besten Zeugnisse für die Bande, die zwischen einem Musher und seinen Hunden geknüpft werden.

Die körperliche Anstrengung der Führungsarbeit bei der Überquerung hatte Daryl erschöpft; er schied am nächsten Tage in Central auf der Nordseite der Berge aus. Die anderen Teams machten eine lange Pause, die Hunde lagen zusammengerollt auf Strohbündeln auf dem Schnee, und die Musher schliefen, wo sie einen Platz finden konnten. Manche lagen auf dem nackten Holzboden mit einer Jacke als Kissen. Andere quetschten sich in eine Ecke oder streckten sich unter Billardtischen aus. So ist ein Rennen. Die Fahrer brauchen ihren Schlaf, aber sie wollen es auch nicht zu bequem haben. Ein Musher, der verschläft, könnte zurückfallen.

Der Wind nahm ab, als die Teams ihre Fahrt durch den Circle Gold District begannen – dafür fiel die Lufttemperatur: Erst auf minus 30, dann auf 40 Grad unter Null und noch tiefer.

Niedrige Temperaturen machen den Schnee schmirgelförmig. Der normale weiche, flockige Schnee trocknet aus und wird kristallin. Dabei hat jede Flocke rasierklingenscharfe Kanten. Dies ist besonders schlimm für die Hundepfoten. Die Musher schützen die Huskys mit Salben und „booties“, die normalerweise mit Klettverschluß an den Pfoten fixiert werden, aber nicht alle Hunde mögen sie. Wenn ein Musher dem Team booties anlegt, hört er oft hinter sich

drated, it will often stop drinking water, but it will continue to eat. The food must then be watered down and the dog tricked into drinking while eating.

The winds continued to get stronger, forcing the teams on the leeward side of the summit to take shelter. Several times, the individual teams attempted the crossing, only to be driven back. Eventually, led by Alaskan Daryl Adkins, five teams tied themselves together and tackled the storm once more. The wind coated the dogs faces with ice, freezing their eyes shut, but their absolute trust in Daryl overruled their natural instinct. They responded flawlessly to his commands as he walked ahead of them in the wind and completed the crossing – it is perhaps one of the greatest testimonies to the bond that grows between a musher and his or her dogs.

However, the physical demand of leading the crossing exhausted Daryl and he scratched in Central, on the northern side of the mountains, the next day. The other teams took a long rest, with the dogs curled up on bundles of straw laid on top of the snow and the mushers dozing wherever they could find a spot. Some laid on bare wooden floors, with jackets for pillows. Others were propped up in corners of rooms or stretched out under pool tables. This is a race. The drivers need their sleep, but they also don't want to get too comfortable. The musher who oversleeps could be left behind.

The winds died down as the teams started their journey through the Circle Gold District – heading first to Circle Hot Springs, then north to Circle City on the Yukon River – but the air temperature started to drop. First to minus thirty, then to forty below and colder. Colder temperatures make snow more abrasive. The normally soft fluffy snow dries out and become crystalline, with each flake having razor sharp edges. It is hard on the sled runners, but it is especially hard on the dogs' feet. The mushers protect against foot problems with medication and "booties", small fleece slippers for the dogs.

They are usually held on the dog's feet by Velcro strips, but not all dogs are fond of wearing them. Often as a musher is putting booties on the team, he or she will hear behind them the ripping sound of Velcro strips being undone by the dogs who use their teeth to pull them off their feet.

Der Musher verteilt gleich Leckerbissen, das Rudel kann es kaum erwarten

The musher gets out some delicacies, the dogs can't wait

das Öffnungsgeräusch von Klettverschlüssen, die die Hunde mit den Zähnen öffnen, um die Stiefelchen wieder loszuwerden.

Die Kälte setzt auch den Mushern zu. Bei Anstiegen schwitzen sie in ihren Kleidern. Die Feuchtigkeit nimmt den Overalls deren Isoliereigenschaften, und es wird für die Musher fast unmöglich, warm zu werden. Nach einer Weile beginnen die Knochen zu schmerzen, der Körper zittert dauernd. Nur wenn die Männer und Frauen einen Checkpoint erreichen und ihre klamme Kleidung trocknen können, gibt es für sie Linderung.

Das eigentliche Rennen begann erst hinter Dawson City. Bis dahin fuhren die Musher oft in „Kolonne", nutzten die Gelegenheit, die anderen Teams zu beobachten und hielten Ausschau nach den Schwächen des anderen, die ihnen zum strategischen Vorteil werden, wenn das Rennen wirklich beginnt.

Die Unerfahrenheit eines Mushers, die zu Unsicherheit und Zögern in kritischen Augenblicken führt, kann jedesmal zum Verlust von uneinholbaren Minuten führen.

Das Gewicht der Hunde läßt darauf schließen, wie weit ein Team zwischen den Fütterungspausen rennen kann (ein fetteres Tier benötigt weniger Stopps, verbringt also mehr Zeit für das effektive Rennen; ein übergewichtiges Team wird aber nicht zum Start zugelassen). Von Bedeutung ist auch die Länge eines Hundeschritts (ein Hund, dessen Schritt ein paar Zentimeter länger ist

The cold also starts to wear on the mushers. The hard work of handling the sled makes them perspire inside their clothes. The clothes also get wet from the outside when they pass through overflow. The moisture robs the clothing of it's insulating qualities and it becomes almost impossible for the musher to get warm. After a while their bones begin to hurt and they constantly find themselves shivering. Only when they reach a checkpoint and are able to dry out their clothing do they get any relief from dropping temperatures.

As they approached the Yukon River at Circle, the front-runners started to pull slightly away from the rest of the teams. The real race won't start until after the mid-way point, 320 miles away in Dawson City. At this point the mushers are simply traveling together, using the opportunity to observe the other teams and look for anything that will give them a strategic advantage when the race does begin.

A musher's inexperience, resulting in uncertainty and hesitation at crucial times, can add unrecoverable minutes to their race time. They observe the weight of the dogs, which suggests how far a team can run between feedings (a fatter team needs fewer feed stops, and thus spends more time actually running; however an overweight team won't be permitted to start the race). And they also look at the length of a dog's stride (a dog whose stride is an inch longer than another dog, could travel

als der eines anderen, kann bis zu einer Meile pro Stunde schneller laufen).

Die Musher versuchen auch kleine Spielchen: Einer packt schnell seinen Schlitten, spannt seine Hunde an und stoppt dann, um eine Tasse Kaffee zu trinken – nur um die Reaktion der anderen Fahrer zu beobachten. Zur Nachtzeit fährt ein anderer ohne Licht weiter, so daß die anderen ihn nicht sehen können. Ein Musher legt seinen Parka auf eine Couch in einem Checkpoint, und ein anderer Musher legt sich für ein Nickerchen darauf und weiß dann, daß der Konkurrent nur eine einzige Möglichkeit hat, an den Parka zu kommen: Er muß ihn aufwecken.

Bei der Ankunft in Circle City benötigten die beiden Favoriten des ersten Rennens, der methodische Joe Runyan, der zwei Uhren am Handgelenk trug, eine Ersatzuhr für den Fall, daß die andere ausfällt – und der unbekümmerte Sonny Lindner dringend Schlaf. Runyan kroch auf ein Wandbett im Hinterraum des Checkpoints. Lindner schloß leise die Tür und setzte sich dann hin und schlief gegen die Tür gelehnt. Als Runyan aufwachte, mußte er die Tür öffnen und weckte damit Lindner.

Hinter Circle City kamen die Teams auf den Yukon, und die nächsten 320 Meilen mußten sie auf dessen ruppiger Oberfläche fahren. Denn ein Fluß erstarrt nicht als eine glatte Fläche. Wenn der Winter kommt und das Wasser zu frieren beginnt, verwandeln

up to a mile faster each hour). The mushers also play little mind games. A musher will rapidly pack his sled, hitch up his dogs, then stop for another cup of coffee – just to see the reaction of the other drivers when they see him apparently rushing to get going. At night time, they will travel without any lights on, so the other mushers can't see them in the dark and won't know exactly where they are. One musher will put her parka on a couch in a checkpoint and an-other musher will lay down on top of the parka for a nap – knowing that the only way she can leave is to wake him up to get the parka.

Arriving in Circle City, the two race pre-favorites, the methodical Joe Runyan who wears two watches on his wrist – one a spare in case the other fails – and the easy-going Sonny Lindner, were both in need of rest. Runyan crawled onto a bunk bed in the back room of the checkpoint. Lindner gently closed the door, then sat down and went to sleep leaning against the door. When Runyan woke up, he opened the door, waking up Lindner.

From Circle City, the teams dropped onto the surface of the Yukon River and for the next 320 miles ran on the jumbled surface.

River ice doesn't freeze as a flat surface. As winter comes and the water begins to freeze, parts of the river will turn to ice, then break loose, drift along in the current for awhile before finally snagging on more ice

Rick Mackey ist der erste Musher, der das Iditarod und das Yukon Quest gewinnen konnte

Rick Mackey was the first musher to win both the Iditarod and the Yukon Quest

Manchmal ist es gar nicht so leicht, den „Leinensalat" zu entflechten

Sometimes a tough job, sorting out a tangle of lines

Mensch und Hund – eine Beziehung die schon tausende von Jahren währt

Dog and man – a love affair which has lasted thousands of years

sich Teile des Flusses in Eis, brechen los, ehe sie sich wieder irgendwo verhaken und für den Winter festfrieren. Einige können so klein und scharf wie Rasierklingen sein, andere sind größer als ein Haus.

Gelegentlich entsteht auf dem Fluß ein Loch oder eine Wasserrinne im Eis. 1984 hatten die führenden Teams, Lindner, Runyan, Harry Sutherland, Bill Cotter, Jeff King und Bruce Johnson, eines Nachts Probleme, den markierten Trail auf dem Eis zu finden. Sie pausierten deshalb bis zum nächsten Morgen. Als sie aufwachten, fanden sie den Trail unmittelbar vor sich, aber der Trail hinter ihnen bestand nicht mehr. Statt dessen war dort eine offene Wasserrinne, die während der Nacht entstanden war.

Hier draußen auf dem Fluß erlebte Nick Erickson, was jeder Musher fürchtet. Einer seiner Hunde starb. Die Beziehung zwischen dem Musher und seinen Hunden ist fast mystisch. Beide Parteien verlassen sich vollständig aufeinander. Es ist mehr als die Rolle, die ein Trainer mit seinem Team hat – es ist ein Eltern-Kind-Verhältnis. Beide haben die gegenseitigen Stärken und Fehler kennengelernt und akzeptieren sie. Der Musher muß sich auf jeden Hund in seiner entsprechenden Rolle verlassen, ihn verstehen und ihm mitteilen, was genau zu tun ist (ebenso wie bei den Menschen gibt es Hunde, die von Natur aus Führer sind, ande-

or a gravel bar and re-freezing for the winter. Some can be the size and sharpness of razor blades. Others are the size of houses.

Occasionally, the river will wear a hole, or open lead, through the ice. In 1984, the front running teams, Lindner, Runyan, Harry Sutherland, Bill Cotter, Jeff King and Bruce Johnson had trouble finding the marked trail on the ice at night, so they stopped until morning. When they awoke, they found the trail ahead of them, but the trail behind – that they had traveled over during the night – no longer existed. Instead, it was now an open lead that had developed during the night.

Out here on the river, Nick Erickson experienced what every musher dreads. One of his dogs died. The relationship between the musher and his and her dogs is almost mystical. They rely totally upon each other – there is trust in each other beyond question. It is more than the type of role that a coach would have with his or her team – it is a parent-child relationship. The musher has probably raised each dog from birth. They have learned each other's strength and faults and accepted them. The musher must relate to each dog in their respective roles. Just like humans, there are dogs who are natural leaders, others who work well with teams, some who are bigger and stronger than others – each personality type has it's place in the team chemistry.

re arbeiten gut im Team – wieder andere sind größer und stärker als die übrigen – jeder Typ hat seinen Platz in der Hierachie des Teams).

Als sein Hund unmittelbar hinter Eagle in der Nähe der kanadisch-amerikanischen Grenze zusammenbrach, war Erickson niedergeschmettert. Vier Stunden lang lag er im Schnee, wiegte seinen Hund und weinte. Dann erschien Kevin Turnbough, ein ehemaliger Geistlicher, der Yukon Quest-Musher geworden war. Turnbough zündete ein Lagerfeuer an und überzeugte Erickson, daß er bis zum nächsten Checkpoint weiterfahren müsse, weil er ansonsten das gesamte Team in Gefahr bringen würde.

Als die Teams in Dawson City ankamen, wo eine Zwangspause von 36 Stunden vorgeschrieben ist, waren sie froh, den Fluß hinter sich gelassen zu haben.

Die Hunde benötigten Ruhe. Verletzungen, zum Beispiel eine schmerzhafte Schulter oder ein empfindliches Gelenk, versuchte man auszukurieren.

Die Schlitten mußten repariert werden. Sechs Tage lang waren sie gegen Bäume und Eisblöcke geprallt. Nach den Regeln müssen die Musher mit demselben Schlitten ankommen, mit dem sie gestartet sind.

Die Musher hatten schließlich die Chance, ihre Füße aus den „bunny boots" zu ziehen und sie trocknen zu lassen. „Bunny boots" sind die wärmsten Schuhe für den Norden, aber sie haben einen wesentlichen Nachteil: Da sie aus Gummi hergestellt sind, lassen sie keine Feuchtigkeit eindringen oder hinaus. Wenn die Füße der Musher schwitzen, bleibt das Wasser in den Stiefeln. Kurzzeitig ist das kein Problem, wenn man aber 16 Stunden pro Tag in den Stiefeln stehen muß und sie zwei oder drei Tage lang überhaupt nicht ausziehen kann, verwandeln sich die Füße in „Hackfleisch". Manchmal schmerzen sie so sehr, daß der Musher nicht einmal weiß, ob sie kalt oder warm sind.

Dawson ist für die Musher einfach nur eine Stelle, um fehlenden Schlaf nachzuholen. Bisher hatten sie im Durchschnitt nur drei bis vier Stunden Schlaf pro Tag. Die Halluzinationen wegen Schlafmangels werden dadurch begünstigt, daß ein Hundeteam nur etwa sechs Meilen pro Stunde zurücklegt. Und dabei gibt es lange Perioden, in denen

When his dog collapsed just outside of Eagle, near the Canada-U.S. border, Erickson was devastated. For hours he lay in the snow cradling the dog in his arms, crying. Then Kevin Turnbough, a former church minister and counselor for troubled youth, turned up. Building a fire, Turnbough took time out from the race to convince Erickson that he had to continue driving to the next checkpoint or he would potentially endanger the entire team.

When the teams pulled off the ice and arrived in Dawson City, the mid-way point and a mandatory 36-hour rest stop, they were glad to leave the river behind.

The dogs needed rest. Injuries, such as sore shoulders or tender wrists, needed a chance to heal.

Sleds needed repair. For six days they had been bounced off of trees and ice blocks, dropped over embankments, dragged through water and snow and over glare ice. According to the rules, the mushers had to finish with the same sled they started with, so any damage had to be fixed.

The mushers finally had an opportunity to pull their feet out of their "bunny boots" and let them dry out. Bunny boots are the warmest boots for the north, but they have one serious flaw. Being made out of rubber, they don't allow moisture in or out. When the mushers feet perspire, the water remains in the boot. Over a short period of time, this isn't a problem. But when you have to stand in the boots for 16 hours per day and can't take them off at all for two or three days at a time, then the feet turn into hamburger and get extremely painful. Sometimes they hurt so much, the musher doesn't even know if they're cold or not.

While Dawson City is, to the world, the site of the Klondike Gold Rush, it is, to the mushers, just a place to catch up on their sleep. So far, they had been averaging about three to four hours of sleep per day. Sleep deprivation can have some very interesting side effects in the competitors. They hallucinate: see things that aren't there, don't see things that are there, or talk to people who don't exist.

The fantasies created by a lack of sleep are compounded by the fact that a dog team only travels at about six miles per

SAMOJEDE

Der „arktische Spitz" mit dem schneeweißen bis biskuitfarbenem Fell ist mehr ein Traber denn ein Galopper. Durch seine nach oben gezogenen Läfzen („Samojedenlächeln") und seiner Zuneigung, die er Menschen gegenüber zeigt, wirkt er extrem freundlich, anschmiegsam und anziehend. Warum er mehr als andere Rassen auf den Menschen fixiert ist? Man nimmt an, daß der Nomadenstamm der Samojeden, die an der sibirischen Eismeerküste zwischen dem Ural und dem Fluß Jenissei lebten, die Hunde zum Schlafen mit in ihre Zelte aus Tierhäuten nahmen.

SAMOJEDE

The "arctic Pomeranian" with its snow-white to beige fur is more a trotter than a galloper. His upwards slanting jowls ("Samojede smile") and the affection he shows towards humans make him appear friendly, affectionate and attractive. Why is he drawn to man more than other races? It is said that the nomadic Samojede tribe, who live between the Siberian arctic coast and the Ural, took their dogs with them to sleep in their skin tents.

sich der Musher nicht auf das Lenken des Schlittens konzentrieren oder sich um die Hunde kümmern muß.

Harry Sutherland führte mehrere lange Gespräche mit einem kleinen Mann, der vorn auf seinem Schlitten saß und Rauchringe blies und aus einer Cola-Dose trank. Immer wenn Harry genug Schlaf bekam, verschwand der kleine Mann, aber wenn Sutherland müde wurde, erschien der Gnom wieder, und sie konnten ihre Diskussion fortsetzen.

Nachts „tanzt" das Nordlicht über den Teams. Wenn es erscheint und sich in seinem mehrfarbigen Glanz über den schwarzsamtenen Himmel bewegt, ist es, als ob man ein anderes lebendes Wesen in der Kälte und Dunkelheit über sich hat; und selbst wenn niemand sonst in der Nähe ist, fühlt man sich, als ob man unter Freunden weilt.

Das warme Bett und das gute Essen von Dawson City zu verlassen, um sich eine weitere Woche der Herausforderung Wildnis zu stellen, fällt nicht leicht.

Für die führenden Teams begann jetzt das eigentliche Rennen. Für alle war der King Solomons Dome, der höchste Punkt des Rennens und ein Berg, der genauso tückisch wie Eagle Summit sein kann, das erste Hindernis.

hour. There are long periods of time where the musher doesn't have to focus on steering the sled or tending to the dogs.

Some are entertained by their hallucinations. Harry Sutherland carried on several long conversations with a small man sitting on the front of his sled who blew smoke rings at him and sipped on a can of Coke. Whenever he got enough sleep, the small man would disappear, but when Harry got tired, the man would reappear and they would continue their discussion.

At night, they would all watch for the northern lights. When they did appear, rippling across the black velvet sky in their crackling, multi-colored splendor, it was like having another living thing in the cold and dark with them and, even with no one else around, they felt as if they were among friends.

Leaving the warm bed and good food of Dawson City to face another week in the wilderness is possibly one of the hardest things a team can do. For the front runners, the race began. For all of them, the first obstacle was King Solomon's Dome, the highest point on the race and a mountain that can be every bit as vicious as Eagle Summit.

Favoriten im Gespräch: John Schandelmeier (links), 1997 Dritter und rechts 97er Sieger Rick Mackey

Favorites chatting: on the left John Schandelmeier, 3rd in 1997; right, Rick Mackey the winnner of the '97 race

Der Anstieg glich einer endlosen Zickzackbahn, auf der die Teams eine Meile in der einen Richtung fuhren, dann bei einer Haarnadelkurve wendeten, um bald darauf festzustellen, daß sie nur wenige Fuß Höhe gewonnen hatten. Nach King Solomons Dome mußte ein weiterer Gipfel erobert werden: der Eureka Dome.

Die Strecke von Dawson City nach Carmacks war auch der längste Teil des Trails ohne Checkpoints – 300 Meilen. Es gab zwei Hütten, an denen die Musher Halt machen konnten, Maisy Mae und Stepping Stone, um ein bißchen zu essen und sich ein Plätzchen zum Schlafen zu suchen. Sonst gab es nur den engen, sich windenden Trail durch die Bäume, über Flüsse und Bäche. Wenn hier etwas schief ging, waren die Musher ganz auf sich allein gestellt, ohne Hoffnung auf fremde Hilfe.

Der Wettkampf zwischen den Teams in der vorderen Gruppe wurde härter, und es entwickelten sich langsam kleine Strategien. Der eine stoppte bei Maisy Mae, und ein anderer fuhr an der Hütte vorbei, ohne zu halten. Der erste nahm das Rennen sofort wieder auf, nur um festzustellen, daß das zweite Team hinter der nächsten Ecke campierte, die Hunde sich über das Fressen hermachten und der Musher die Überraschung

The ascent was an endless series of switchbacks where the teams traveled for a mile in one direction, then turned and traveled a mile in the other direction only to find they had gained just a few feet in elevation. And once they got over King Solomon's Dome, they had another peak to conquer, Eureka Dome.

The stretch from Dawson City to Carmacks was also the longest part of the trail without any checkpoints – 300 miles. There were two cabins that the mushers could stop at, Maisy Mae and Stepping Stone, to have a bite to eat and a floor to sleep on. Other than that, there was just the narrow winding trail through the trees, across rivers and creeks. If something went wrong, the dog drivers were entirely on their own with no hope of outside assistance. And there were a couple of surprises waiting for them along the way.

The competition between the teams in the front group started to intensify and small strategies began to develop. One team would stop at Maisy Mae, and another team would travel past the cabin without stopping. The first team would take up the chase, only to find the second team camped around the first corner, with the dogs enjoying a meal and the musher

John Schandelmeier aus Paxson, Alaska, kocht für seine Hunde

John Schandelmeier of Paxson, Alaska cooks for his dogs

ALASKA

genoß, die er mit seinem kleinen Spiel ausgelöst hatte.

Einige Musher geben sich damit zufrieden, direkt hinter dem führenden Team zu fahren. Denn das erste Gespann muß die härteste Arbeit leisten: Es muß den Weg durch Neuschnee bahnen, der auf den Trail geweht oder gefallen ist. Die anderen dahinter können dagegen von der Führungsarbeit profitieren.

Der Führende wird oft belauert, man wartet darauf, daß er unsicher wird. Der in Front liegende Fahrer muß sich darauf konzentrieren, den Trail auszumachen und ihn für die anderen einzufahren. Sonny Lindner entschied sich nach der Überquerung des Eureka Domes für einen Ausreißversuch und jagte alleine den Trail nach Maisy Mae herunter. Harry Sutherland, an zweiter Stelle liegend, holte ihn am Tag darauf ein, aber nur, weil Lindner nach Dawson City zurückgefahren war.

In der Dunkelheit hatte Lindner die Trailmarkierungen nicht gesehen und stoppte, um auf die nachfolgenden Teams zu warten, in der Annahme, sie wären dicht hinter ihm. Nach neun Stunden Warten, ohne daß jemand erschien, machte er sich Sorgen, daß er irgendwo eine falsche Richtung eingeschlagen hatte und begann nach Dawson zurückzufahren, um den richtigen Trail zu suchen. Doch er war auf dem richtigen Weg, aber niemand hatte die Herausforderung angenommen. Es waren noch zu viele Meilen zurückzulegen, um den Sprint schon zu beginnen.

Oft ist es fast unmöglich zu entscheiden, wer zu einem bestimmten Zeitpunkt in Führung liegt. An einer Stelle war Lorinna Mitchel das erste Team im Rennen, aber sie hatte gerade vier Stunden Fahrt hinter sich und bereitete sich vor, vier Stunden lang zu ruhen. Kurz bevor sie anhielt, passierte sie sechs Teams, die dabei waren, das Camp abzubrechen und die Fahrt zu beginnen. Joe Runyan war der Erste in Dawson City, kam aber nicht als erstes Team aus der Stadt. In Dawson wurde nämlich ein Ausgleich für die Startzeitdifferenzen (Zwei-Minuten-Abstände) vorgenommen.

Beim Eintreffen in Carmacks lag Sonny Lindner in Führung, Runyan, Sutherland und

enjoying the disruption he caused with his little game.

Some of the teams were content to travel just behind the lead team. The first team out has the hardest job, they must break through any new snow that may have drifted or fallen on the trail. The teams behind can take advantage of the work done by the front team.

The teams behind can also study the leader and wait for him or her to falter. The driver in front must concentrate on locating the trail, then breaking it for everyone else. Sonny Lindner decided to make a break after crossing Eureka Dome and raced ahead alone down the trail towards Maisy Mae. Harry Sutherland, in second place, caught up to him a day later, but only because Lindner was heading back towards Dawson City.

In the dark, Lindner missed seeing trail markers and stopped to wait for the trailing teams – assuming they would be close behind. After nine hours of waiting with nobody turning up, he became concerned that maybe he had taken a wrong turn somewhere and started driving back to Dawson to find the right trail. He was on the right trail, but no one had taken up the challenge. There were too many miles left to start sprinting yet.

In this kind of race, it's almost impossible to determine who really is in first place at any given time. At one point Lorrina Mitchell was the first team in the race, but she had been running for four hours. Just before she stopped, she passed six teams who were preparing to break camp and start traveling. Joe Runyan was the first team into Dawson City, but he wasn't the first team out. There was an adjustment made in Dawson to equalize the starting time differences that existed between the first team to leave Fairbanks and all the teams who departed later in two minute intervals.

Rolling into Carmacks, Sonny Lindner held the lead with Runyan, Sutherland and Bill Cotter close behind – there was still 120 miles to the finish line in Whitehorse, plenty of time for all four to make a run to the championship. Then they had their second surprise.

GRÖNLÄNDER

Aufgrund der unerbittlichen Auslese, die über ihn erging, ist er der ungeschliffenste unter allen Schlittenhunden, in manchen Situationen reagiert er aber auch höchst sensibel. Man vermutet, daß sich die im Sommer oft vernachlässigten Tiere fern jeder menschlichen Einflußnahme auch in jüngerer Vergangenheit noch mit ihrem Urahnen Wolf gekreuzt haben. Wenn die anderen Schlittenhunde braven Packpferden ähneln, so ist der Grönländer ein „Mustang“. Daß Grönländer in Spezialzeitschriften nicht selten zum Verkauf angeboten werden, zeigt, daß einige Schlittenhundeführer ihre eigene Autorität überschätzt haben.

GREENLANDER

The relentless selective breeding this dog has been subjected to have made him the most unrefined of all sled-dogs, but he can react very sensitively to some situations. One assumes that these dogs, often neglected in summer, got away from man's influence and bred with wolves even in more recent years. If the other sled-dogs appear like well-behaved packhorses then the Greenlander is a "Mustang". The fact that Greenlanders are often offered for sale in specialist magazines shows that some dog-owners may have overestimated their own authority.

Die aus Deutschland stammende Veterinärmedizinerin und Musherin Ingabritt Scholven mußte beim Yukon Quest '97 aufgeben

Ingabritt Scholven, a veterinarian and musher from Germany, had to give up on the '97 Yukon Quest

Eine Pause nutzen die Hunde gerne einmal, um sich zu wälzen

The dogs sometimes use a break to roll around

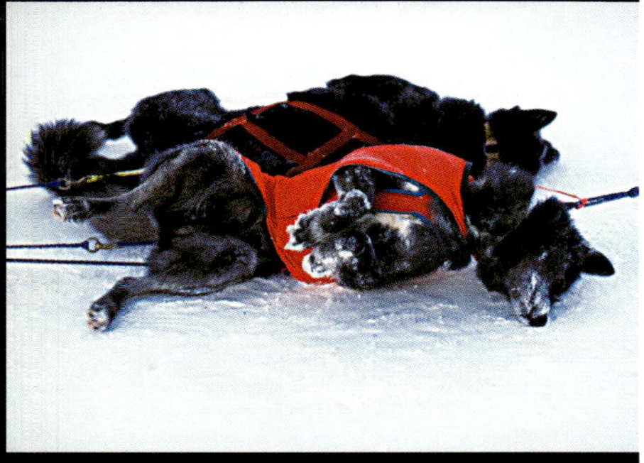

Bill Cotter waren kurz dahinter – noch waren es 120 Meilen bis zur Ziellinie in Whitehorse, reichlich Zeit für alle vier, den Kampf um die Meisterschaft aufzunehmen.

Plötzlich gab es eine Überraschung: Der Trail nach Whitehorse war effektiv nur 75 Meilen lang. Die ersten 45 Meilen von Carmacks wurden umgangen, da der Trail zu dicht am Highway abgesteckt war (eine Sicherheitsmaßnahme, die Hunde hätten durch die Lampen des entgegenkommenden Verkehrs geblendet werden und auf die Straße vor die Fahrzeuge rennen können). Es hätte zu viel Zeit gekostet, einen neuen Trail zu markieren. Die kürzere Entfernung garantierte im Grunde genommen, daß Lindner, der eine Führung von drei Stunden hatte, das erste Yukon Quest – Hundeschlittenrennen gewinnen konnte.

Die triumphale Ankunft von Lindner in Whitehorse war der erste von vielen historischen Augenblicken, die das Finish des Quests von 1984 kennzeichneten.

Bruce Johnson, an sechster Stelle, war der erste Kanadier, der die Entfernung bewältigte. Lorrina Mitchell kam als erste Frau an, sie landete auf Rang elf. Ron „Knollennase" Aldrich (der Spitzname stammt von seiner Nase, die sich rot färbt und immens anschwillt, wenn es friert) ist der einzige Mann in der Geschichte, der sowohl das erste Iditarod 1973 und das erste Yukon Quest 1984 bewältigte. Die erste Frau, die sowohl Iditarod und Quest schaffte, war Mary Shields, die 1984 als 16. ankam.

The trail to Whitehorse was actually only 75 miles. The first 45 miles from Carmacks were being bypassed because the trail had been set too close to the highway. (A safety issue. The dogs would be blinded by the lights of on-coming traffic and could potentially swerve onto the road in front of the vehicle.) It would take too long to break a new one. The shorter distance virtually guaranteed that Lindner, who held a three hour lead into Carmacks, would win the first Yukon Quest sled dog race.

Lindner's triumphant arrival in Whitehorse was the first of many historical moments that marked the finish of the 1984 Quest.

Bruce Johnson, in sixth place, was the first Canadian to complete the distance. Lorrina Mitchell became the first woman to complete the Yukon Quest in 11th place. Ron "Potato Nose" Aldrich (the nickname came from his nose, which turns bright red and swells up to an immense size when it freezes) is the only man in history to have completed both the inaugural Iditarod in 1973 and the first Yukon Quest in 1984. The first woman to complete both the Iditarod and the Quest was Mary Shields, the 16th place musher in 1984.

The only person to be an official finisher without completing the race is Shirley Liss from Fairbanks. Traveling three days behind Lindner, Liss was stopped in Carmacks due to poor ice conditions over the final 75 miles into Whitehorse. Since it was believed that she would have finished the

Der einzige Teilnehmer, der offiziell das Finish erreichte, ohne die ganze Strecke zurückzulegen, war Shirley Liss aus Fairbanks. Sie war drei Tage hinter Lindner. Liss wurde in Carmacks wegen des schlechten Zustandes des Eises auf den letzten 75 Meilen vor Whitehorse gestoppt. Da angenommen wurde, daß sie das Rennen beendet hätte, wurde sie zum „offiziellen Ankömmling" erklärt.

Vier der ersten fünf hinter Lindner 1984 sollten weitere Yukon Quests gewinnen. Der fünfte, Frank Turner, siegte 1995.

Er gewann aber auch eine kleine Sequenz 1984, die ganz typisch den Geist des Rennens 'rüberbringt: Turner und Wilson Sam hatten sich zusammengetan und waren die letzten 600 Meilen des Rennens gemeinsam unterwegs. Etwa 100 Meter vor der Ziellinie stoppten sie und bekamen von einem Zuschauer ein Bier gereicht. Dann beschlossen sie, bis zur Ziellinie um 100 Dollar, die Differenz zwischen dem 14. und dem 15. Platz, um die Wette zu fahren. Der Zuschauer hielt seine Bierflasche in die Höhe, und als er sie fallen ließ, ging's los: Turners Team schlug Sam um eine Nasenlänge.

Aber Sam sah das nicht als eine Niederlage an. Für ihn war es sein großer Augenblick. Er sprang im Zielraum von seinem Schlitten, umarmte einen überraschten Roger Williams und erklärte der ganzen Welt: „Verdammt, mir geht es prima."

race, she was declared an official finisher. Four of the five top finishers behind Lindner in 1984 would go on to win future Yukon Quests. A fifth, Frank Turner, would also win in 1995, but he also won a small race in 1984 that summed up the spirit of the race.

Turner and Wilson Sam had teamed up and journeyed together for the last 600 miles of the race. Just a hundred meters from the finish line, they stopped and accepted a beer from a bystander. They decided to race each other to the finish line. At stake was $100, the difference between 14th and 15th place. The bystander held his beer bottle aloft, then brought it down and off they went – with Turner's team edging out Sam by a nose.

But Sam didn't see it as defeat. For him, it was a moment. He leaped from his sled in the finish chute, hugged an astonished Roger Williams and declared to the world, "Damn, I'm having a good time."

„Dog handler" nennt man die Helfer, die sich vor und nach dem Rennen sowie am Checkpoint Dawson um die Hunde kümmern und so den Musher entlasten

Helpers, called "dog-handlers" look after the dogs before the race and at the Dawson checkpoint to take some burden off the mushers

EIN LAND, IN DEM DIE BERGE KEINE NAMEN TRAGEN

Δ A Land where the mountains are nameless

[von/by Jakob Strobel y Serrra]

Im Winter spielt die Kälte ihr eigenes Spiel

In winter, the cold plays out its own drama

Bei minus 20 Grad spricht man noch von angenehmen Temperaturen

At minus 20 degrees, they still speak of pleasant temperatures

Selbst der Yukon River kapituliert vor der Kälte. Der mächtige, mehr als dreitausend Kilometer lange Strom ist zu einer Ader aus Eis erstarrt, jede Bewegung, jedes Leben liegt unter einem dicken Panzer begraben.

Der Fluß fließt nicht mehr, mindestens sechs kalte Monate lang, wenn der Winter das Yukon-Territorium beherrscht. Dann liegt der Schnee, der manchmal schon im September fällt und in harten Jahren erst im Mai verschwindet, wie ein Leichentuch über dem Land im äußersten Nordwesten Kanadas. Dann weicht das lebensfrohe Farbenspiel des Sommers einer endlosen Fahlheit aus Weiß und Grau und einem kraftlosen Grün. Die Bäume, ganz in Eis gekleidet, stehen reglos da, in den Tälern herrscht Totenstille, sogar die wenigen Raben, die ab und zu am Himmel kreisen, sind stumm. Hier sagt man, die Ruhe mache taub, denn man glaube, sein Gehör verloren zu haben.

Im Winter spielt der Yukon sein eigenes Spiel, und für Menschen ist darin keine Rolle reserviert. Ihnen bleiben nur die wenigen Fluchtburgen, die sie der Natur abgetrotzt haben: Whitehorse, die Hauptstadt des Territoriums, die Goldgräberstadt Dawson City und die Silberstadt Mayo, sowie einige Dutzend versprengte Siedlungen mit kaum mehr als ein paar hundert Einwohnern oder Blockhütten mitten in den unendlichen Wäldern.

Δ Even the Yukon River capitulates to the cold. This mighty river, more than three thousand kilometres long, is coagulated to an artery of ice, every movement, all life lies buried beneath a thick shell.

The river stops flowing for at least six long, cold months, while winter reigns in the Yukon Territory. Then the snow, which sometimes falls as early as September and, in hard years, does not disappear until May, lies like a shroud over this land in the extreme northwest of Canada. Then the vivid colours of summer give way to an endless paleness of white and grey and a feeble green. The trees, completely clad in ice, stand motionless, a deathly silence reigns in the valleys and even the few ravens which occasionally circle in the sky are dumb. Here they say, the silence is deafening, for you believe you have lost your hearing.

In winter, the Yukon plays out its own drama and there is no role reserved in it for humans. For them there remain only the few retreats which they have wrested from nature: Whitehorse, the capital of the territory, the gold miners' town Dawson City and the silver city Mayo, together with a dozen sprinkled settlements with scarcely more than a couple of hundred inhabitants or log cabins among the endless forests.

"Life is slow in the wintertime" say the locals, because the cold stifles practically all movement and brings the country's two

Schnee und Eis ersticken nahezu jede Bewegung – der Kälterekord im Yukon liegt bei minus 62,8 Grad Celsius

Snow and ice stifle practically all movement - the low temperature record in the Yukon is minus 62.8 degrees celsius

„Life is slow in wintertime“, sagen die Einheimischen, weil die Kälte beinahe jede Bewegung erstickt und die beiden wichtigsten Industrien des Landes, den Bergbau und den Tourismus, fast völlig zum Erliegen bringt. Monatelange Perioden, in denen die Temperaturen selten auf mehr als 20 Grad unter dem Gefrierpunkt steigen, sind die Regel, manchmal verharrt das Quecksilber über Wochen bei 40, 50 Grad unter Null.

Der Rekord für die tiefste bisher gemessene Lufttemperatur liegt bei minus 62,8 Grad. Frostiger wird es nirgendwo sonst in Amerika, weil sich nichts der Kälte in den Weg stellt: Zwei mächtige, von Norden nach Süden verlaufende Gebirgsketten, die Coast Range Mountains an der Pazifikküste und die Mackenzie Mountains im Osten an der Grenze zu den Northwest Territories, rahmen das Land ein und pressen die polare Luft wie durch einen Windkanal in die Täler des Yukon River und seiner Seitenflüsse. Kälte macht lakonisch, die Menschen haben sich mit ihr arrangiert und sprechen von einem Wärmeeinbruch, wenn die Temperaturen auf zehn Grad unter Null steigen.

Dann genügen ihnen Lederjacke und Hemd. Sie haben sich an die dreifach verglasten Fenster gewöhnt und daran, ihre Autos über Nacht an Steckdosen anzuschließen, die vor fast allen Häusern, an vielen Parkuhren und auf öffentlichen Parkplätzen zu finden sind.

most important industries to an almost complete halt. Months at a time in which the temperatures rarely rise to more than 20 degrees below freezing point are the rule, while the mercury sometimes remains for weeks on end at 40 or 50 below zero.

The record for the lowest air temperature ever measured is 62.8 degrees celsius. Nowhere else in America is so icy, because there is nothing in the way of the cold. Two mighty mountain chains running from north to south, the Coast Range on the Pacific coast and the Mackenzie Mountains, on the frontier to the Northwest Territories in the east, box the country in and press polar air, as if through a wind tunnel, into the valleys of the Yukon River and its tributaries. Cold makes people laconic, they have adapted to it and talk about a warm spell when the temperatures rise to ten degrees below zero.

Then a shirt and leather jacket is protection enough. They have become accustomed to the triple glazed windows and to connecting their cars overnight to power sockets which are to be found in front of nearly every house, on many parking meters and in all public parking lots.

Without electric heating, the engine blocks would burst, the oil would become thick and the diesel would curdle. And when, at extreme minus temperatures, even that does not help, they let the engines run

Ohne eine elektrische Beheizung würden die Motorblöcke platzen, würde das Öl dickflüssig werden und Diesel ausflocken. Und wenn bei extremen Minusgraden selbst das nicht mehr hilft, lassen sie die Motoren wochenlang ohne Unterbrechung laufen. Nur gegen die Sprünge in den Windschutzscheiben sind sie machtlos, die sich nicht vermeiden lassen, wenn die Temperaturen von Innenraum und Außenluft bis zu 70 Grad auseinanderklaffen.

Diese kleinen Unannehmlichkeiten nehmen die Yukoneers mit der Gelassenheit von Menschen hin, die das Diktat der Natur über alles menschliche Leben vorbehaltlos anerkennen.

Dagegen könne man nichts machen, sagen sie, genausowenig gegen die Eigenwilligkeit des Sonnenlichts, das sich in der dunkelsten Zeit des Jahres nur vier bis fünf Stunden täglich zeigt. Dann wartet man ab, tröstet sich mit dem Spektakel der grün und rot leuchtenden Nordlichter und lehnt sich mit der Gewißheit zurück, daß die Tage auch wieder länger werden. Dann allerdings müssen sie die Schönheit ihres Landes mit vielen teilen. Mehr als eine Viertelmillion Besucher zählt das Territorium inzwischen während des kurzen Sommers, das Gros davon aus den Vereinigten Staaten und immerhin 12.000 aus Deutschland. 30 Millionen kanadische Dollar, umgerechnet knapp 40 Millionen Mark, nimmt das Land jährlich durch den Tourismus ein, der 3000 Menschen zumindest zeitweise Arbeit gibt.

for weeks without a pause. Only against the cracks in the windscreens are they powerless. These are unavoidable when there is a huge difference of up to 70 degrees between the temperatures of the interior and outside air.

These slight inconveniences are accepted by the Yukoneers with the composure of those who accept without reservation the power of nature over all human life.

You can't do anything about it, they say, any more than you can about the wilfulness of the sun which, in the darkest part of the year, only appears for four or five hours a day. Then they just wait, consoling themselves with the spectacle of the green and red glow of the northern lights and rely on the certainty that the days will get longer again. Then, however, they will have to share the beauty of their country with many others. The territory now welcomes more than a quarter of a million visitors during the brief summer, most of these from the United States, but also 12,000 from Germany. The country earns 30 million Canadian Dollars, equivalent to almost 40 million German Marks, per year through tourism, which provides 3000 people with work, at least for a while.

In the years to come, a continuation of the strong growth of the past is anticipated. Visitor numbers are expected to rise by four per cent per year until the year 2000.

Die Ruhe macht taub – in der Stille des Winters glaubt man, sein Gehör verloren zu haben

The silence is deafening – in the still of the winter, you believe you have lost your hearing

Alleine mit sich und den Hunden – Einsamkeit auf dem „trail"

Alone with himself and the dogs – solitude on the "trail"

60.000 der Hundeschuhe, der „booties", wurden von der Reifenfirma Fulda zur Verfügung gestellt

60,000 husky shoes, or "booties", were provided by the tire company Fulda

Für die nächsten Jahre wird mit einer Fortsetzung der kräftigen Zuwächse der Vergangenheit gerechnet. Um jährlich vier Prozent sollen die Besucherzahlen bis zur Jahrtausendwende steigen.

Tourismus ist im Yukon fast ausschließlich ein Saisongeschäft. Von all dem, das die Besucher in den warmen Monaten in das Land zieht, läßt die Winterkälte kaum etwas übrig. Unzugänglich ist der Kluane National Park im Südwesten des Territoriums, die spektakulärste und dramatischste Landschaft des Yukon mit riesigen Gletschern und dem größten Eisfeld der Erde jenseits der Pole, über dem Kanadas höchster Berg, der 5951 Meter aufragende Mount Logan, thront. Im Winter gibt es dort keine Stützpunkte der Zivilisation.

Das Eis auf dem Yukon River und den vielen Seen im Zentrum des Landes verbietet beliebte Sommeraktivitäten wie Rafting, Kanu- und Kajakfahrten oder Fischen. Und die Tundra, die sich im Norden bis zur arktischen Beaufort-See erstreckt, ist in der kalten Jahreszeit nur mehr eine weiße Ödnis. Die touristische Infrastruktur liegt brach: Campingplätze sind verwaist und tief verschneit, viele Hotels, Restaurants und Geschäfte bleiben geschlossen, und die Parkplatzwächter warten geduldig beim Bier an der Theke auf die Wohnmobile aus dem Süden. Das Warten ist den Tourismusverantwortlichen im Yukon inzwischen zu wenig. Sie wollen ihr Territorium als Winterziel etablieren, die Exotik der Kälte, die pure, rauhe, klirrende Natur, die Einsamkeit in Eis und

Tourism in the Yukon is almost exclusively a seasonal trade. Of everything which draws visitors to the country in the warm months, the winter cold leaves little behind. There is no access to Kluane National Park in the southwest of the territory, the most spectacular and dramatic landscape of the Yukon with huge glaciers and the largest ice field on earth apart from the poles, presided over by Canada's highest mountain, the soaring 5951 metre Mount Logan. In winter, there are no outposts of civilization there.

The ice on the Yukon River and the many lakes in the interior of the country prohibit popular summer activities such as rafting, canoeing and kayaking or fishing. And the tundra which extends in the north to the arctic Beaufort Sea is more like a white desert in the cold season. The tourism infrastructure lies idle. Camping sites are deserted and buried under snow, many hotels and restaurants stay closed and the RV lot attendants wait patiently with a beer at the bar for the campers from the south. But waiting is no longer enough for those responsible for tourism in the Yukon. They want to establish their territory as a winter resort, to market the exotic of the cold, the pure, raw, ringing nature, solitude in the ice and snow, as a unique experience.

The most important instrument for this purpose is the Yukon Quest, a dog sled race. This breakneck ride has been held every February for 14 years, though it seldom used to arouse more than local interest, in

Schnee als einzigartiges Erlebnis vermarkten. Das wichtigste Instrument ist dabei das Yukon Quest, ein Hundeschlittenrennen. Seit 13 Jahren wird jeweils im Februar dieser Parforceritt veranstaltet, der bisher allerdings selten mehr als nur lokale Aufmerksamkeit erregt hat, ganz im Gegensatz zum traditionsreichsten und berühmtesten Hundeschlittenrennen Nordamerikas: Das alaskanische Iditarod zwischen Anchorage und Nome an der Bering-See ist Jahr für Jahr ein Medienspektakel ersten Ranges, ein nationales Ereignis, dessen Sieger Helden sind, die Hunderttausende Dollar an Preisgeld erhalten. Längst ist es auch zur griffigsten Metapher für die Herausforderungen der arktischen Wildnis geworden.

Nun will es das kanadische Territorium mit seinem Yukon Quest dem Nachbarn gleichtun: Zum ersten Mal ist das Rennen in diesem Jahr dank der Unterstützung eines Hauptsponsors, des deutschen Reifenherstellers FULDA, gezielt für die internationale Vermarktung des Wintertourismus eingesetzt worden.

Der Aufwand ist enorm, die Medienpräsenz im kalten Kanada gewaltig. Die Ziele der Tourismusverantwortlichen bleiben gleichwohl bescheiden. Der Direktor von Yukon Tourism rechnet im Winter 1998 mit etwa 1000 Besuchern, danach sollen Steigerungsraten wie im Sommer erreicht werden. Die Saison wird nach den Plänen allerdings erst im Februar beginnen, davor ist es zu kalt und zu dunkel.

complete contrast with the most traditional and famous dog sled race in North America: year after year, the Alaskan Iditarod between Anchorage and Nome on the Bering Sea is a top-ranking media spectacle, a national event, its winners heroes who receive hundreds of thousands of dollars in prize money. Over the years, it has also become the closest metaphor for the challenges of the arctic wilderness.

Now the Canadian territory hopes to emulate its neighbor with its Yukon Quest. This year, for the first time, thanks to the support of a major sponsor, the German tire manufacturer FULDA, the race is being used specifically for the international marketing of winter tourism.

The expense is enormous, the media presence in frozen Canada is huge. Nevertheless, the goals of the tourism authorities remain modest. The Director of Yukon Tourism anticipates about 1000 visitors in winter 1998, followed by growth rates like those in the summer. Incidentally, according to the plan, the season will not start until February; it is too cold and too dark until then.

The visitors are essentially to be offered just what the locals do to pass the time when the temperatures reach a relatively tolerable 15 to 10 degrees below zero: long distance and helicopter skiing, sleigh rides and ice-fishing, treks on the trails of the trappers and snowmobile excursions into the snowy forests.

Aus Eis entsteht unter geschickter Händen ein kleines Kunstwer

Skilled hands transform ice into a minor work of ar

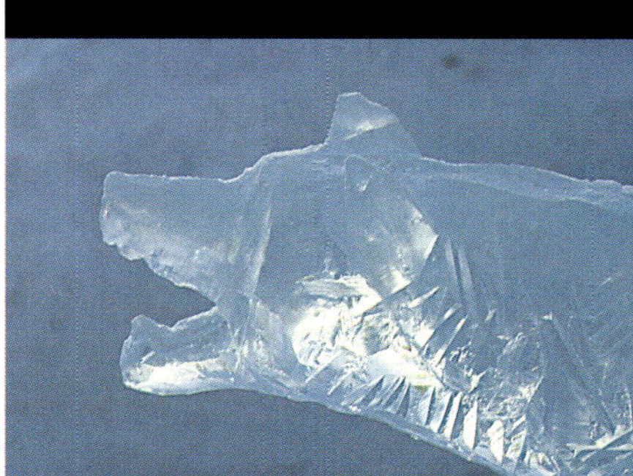

DOWNTOWN
HOTEL
YUKON QUEST FULDA
FULDA
SCHWARZ. BREIT. STARK.
GIFT
SHOP

Den Fremden soll im wesentlichen das geboten werden, womit sich auch die Einheimischen die Zeit vertreiben, wenn die Temperaturen vergleichsweise erträgliche 15 bis 10 Grad unter Null erreichen: Langlauf und Helikopter-Skiing, Hundeschlittenfahrten und Eisfischen, Wanderungen auf den Spuren der Trapper und Ausflüge mit Snowmobilen in die verschneiten Wälder.

Der Reiz des winterlichen Yukon kann nicht erfunden sein, schließlich sind die meisten Einheimischen freiwillig hier, und ihre Lebensläufe gleichen sich: Sie stammten meist aus den südlichen Provinzen Kanadas, sagen sie, hätten das Territorium einmal besucht, seien seinem rauhen Charme verfallen und geblieben. Zivilisationsmüde sind darunter, die daraus aber keine Ideologie machen. Menschen, denen es im Nachbarstaat British Columbia, für europäische Verhältnisse eine entvölkerte Gegend, zu eng geworden ist, und solche, die das ruhige Leben und die minimale Kriminalität im Yukon zum Bleiben bewegte. Sie schätzen das Familiäre, das so weit geht, daß man an einer Litfaßsäule an der Hauptstraße von Whitehorse nach einer Mitfahrgelegenheit in den Süden fragen oder seine Dienste als Kindermädchen anbieten kann.

Sie alle schwärmen von der Unberührtheit der Natur, der Unendlichkeit der Landschaft und der Unbezähmbarkeit der Wildnis, im Sommer wie im Winter. Zugleich sind sie sich aber einig darin, der Zivilisation keinen großen Wert beizumessen. Die Gebäude in Whitehorse zum Beispiel sind meist ein- bis zweistöckige Quader. Schmucklos, ohne Vorgarten, die Decken, Wände und Böden aus Platten zusammengesteckt, oft werden Teppichböden verlegt, die das Muster von Holzplanken imitieren. Das geht schneller, als die Bretter zu nageln. Die Stadt wirkt so, als sei sie über Nacht hastig errichtet worden und als könne sie morgen wieder verschwinden, ohne Spuren zu hinterlassen. Sie hat sich ihren provisorischen Charakter bewahrt, den sie schon vor mehr als 50 Jahren besaß, als sie zur wichtigsten Versorgungsstation für den Bau des Alaska Highways wurde, als sie für kurze Zeit von zehntausenden Bauarbeitern bevölkert wurde, die

The appeal of the Yukon in winter cannot be invented. After all, most of the locals are here of their own free will and their life stories are similar: they were mostly from the southern provinces of Canada, they say, had at some time visited the territory, fallen for its rough charm and stayed on. They include some who are tired of civilization, but they do not make this into an ideology. People for whom the neighboring state of British Columbia, by European standards a depopulated area, has become too crowded and some who were moved to stay by the peaceful life and minimal crime in the Yukon.

They value friendliness, to the extent that they may use an advertising pillar on the main street of Whitehorse to ask for a lift south or to offer their services as a nanny.

They all rave about the unspoiled nature, the endless landscape and the untamable wilderness in summer and in winter. At the same time, however, they are agreed that they have little time for civilization. The buildings in Whitehorse, for example, are mostly one or two storey cubes, undecorated, without front gardens and with roofs, walls and floors of rough planking. Carpets are often laid with patterns which imitate timber planking. That is quicker than nailing the planks. The town looks as if it has been hastily erected overnight and might disappear again tomorrow without a trace. It has retained the provisional character which it possessed more than 50 years ago when it became the most important supply station for the construction of the Alaska Highway, when, for a short time, it was populated by tens of thousands of construction workers who made a Yukon metropolis out of this sleepy backwater. Like a loose braid, Whitehorse sprawls on the banks of the Yukon River, in an unassuming attempt to hold its own in the face of a commanding, confident and recalcitrant nature.

Once though, just once, nature had to be tamed by men and to give up all the treasures which she concealed within her. That was in the years after that summer in 1896 when gold was found where the Klondike flows into the Yukon River. Not dust to be laboriously collected, not arteries deep

DIAMOND TOOTH GERTIE

Heute steht dieser Name für die einzige „Spielhölle" in Kanada, die in Dawson City beheimatet ist. Namensgeber dieser „Gambling Hall" war eine Tanzhallen-Königin, die sich von ihrem Zahnklempner einen Diamanten zwischen ihre beiden Schneidezähnen hatte einsetzen lassen. Diamond Tooth Gertie ist der Spitzname, der richtige Name der Dame war aber auch recht vielversprechend: Sie hieß Gertie Lovejoy. Ob ihr Name Programm war, entzieht sich den Nachforschungen, lediglich über ihr größtes Hobby gibt es Überlieferungen: Das Geld für den Diamanten und anderen Luxus verdankte sie den Goldgräbern, denen sie hurtig die Goldnuggets abnahm.

DIAMONT TOOTH GERTIE

This name today stands for the only "gambling den" in Canada, which is to be found in Dawson City. This gambling hall was named after a dance hall queen who had a diamond placed set her two incisors by her tooth doctor. Diamond tooth Gertie was her nickname, but her real name was also pretty promising: she was called Gertie Lovejoy. Whether she lived up to her name will never be known, stories only remain of her favourite hobby: she obtained the money for diamonds and other luxuries from the gold-diggers, whom she briskly relieved of their gold nuggets.

Wie von Künstlerhand gestaltet – zahlreiche Gletscher speisen die Flüsse im Yukon

As if shaped by artist's hands – numerous glaciers supply the rivers in the Yukon

aus dem verschlafenen Nest die Metropole des Yukon machten. Wie eine lose Flechte duckt sich Whitehorse am Ufer des Yukon River, ein bescheidener Versuch, sich gegenüber einer übermächtigen, selbstbewußten und widerspenstigen Natur zu behaupten.

Einmal aber, nur ein einziges Mal, mußte sich die Natur vom Menschen bezähmen und sich alles abpressen lassen, was sie an Schätzen in sich trug: Das war in den Jahren nach jenem Sommer 1896, als an der Mündung des Klondike in den Yukon River bei Dawson Gold gefunden wurde, kein mühsam zu sammelnder Staub, keine tief in der Erde liegenden Adern, sondern faustgroße Nuggets, die in den Bächen wie Kieselsteine lagen.

Damals schrieb der Yukon für kurze Zeit Weltgeschichte, und die Menschen kamen triumphierend mit Tonnen von Gold aus dem kalten Norden zurück. Damals wurde der Yukon zum Mythos, und vielleicht ist es erst diese Kombination aus übermächtiger Natur und menschlichem Behauptungswillen, die das Land weit populärer gemacht hat als andere unberührte Gebiete in der Subarktis der Erde.

Die gesamte Geschichte des Yukon beschränkt sich auf dieses eine Ereignis. Heute gibt es den Menschen die beruhigende Sicherheit, daß sie nicht die ersten hier sind und gleichzeitig die Gewißheit, daß sie in der Zukunft ihre Ruhe haben werden, weil sich ein solches Ereignis niemals wiederho-

under the earth, but nuggets as big as your fist, lying like pebbles in the streams.

Then, for a short time, the Yukon wrote world history and the men came triumphantly back from the frozen north with tons of gold. Then the Yukon became a legend and it is perhaps this combination of all-powerful nature and human willpower which has made the land much more popular than earth's other unspoiled subarctic regions.

The entire history of the Yukon is limited to this one event. Today it gives men the comforting certainty that they are not the first ones here and, at the same time, the awareness that they will have their peace and quiet in future because such an event can never repeat itself. The time before the Rush is rarely mentioned. A few thousand Indians lived in the region and a few trappers and fur-traders of the Hudson Bay Company wandered through the land. After the Rush, peace returned, apart from the summer tourists and a few mining projects. But the legend of gold has remained, not to be missed wherever there are people. They are not "the good old days" in the Yukon, they are the only days, and their remains are preserved like relics. The hotels and restaurants in Whitehorse, for example, give themselves names like "Gold Rush Inn", "Eldorado" or "Gold Pan Saloon" and are packed full of sieves, safes, scales, snow-

Mit riesigen Baggern wurde einst das Gold rund um Dawson City „geerntet“ – weniger mühsam als das Schürfen von Hand, wie es ein „Eisbildhauer“ (unten) nachempfunden hat

Once, the gold around Dawson City was “harvested” with giant excavators or dredges – not such hard work as digging by hand, as portrayed by an “ice sculptor” (below)

len kann. Über die Zeit vor dem Rausch herrscht weitgehend Schweigen. Einige tausend Indianer lebten in dem Gebiet, wenige Trapper und Pelzhändler der Hudson Bay Company streiften durch das Land. Nach dem Rausch ist wieder Ruhe eingekehrt, sieht man von den Sommertouristen und einigen Minenprojekten ab. Der Mythos des Goldes ist aber geblieben, unübersehbar überall dort, wo Menschen zu finden sind. Er ist nicht die „gute alte Zeit“ im Yukon, er ist die einzige Zeit, und seine Überreste werden wie Reliquien behütet. Die Hotels und Restaurants in Whitehorse zum Beispiel geben sich Namen wie „Gold Rush Inn“, „Eldorado“ oder „Gold Pan Saloon“, sie sind vollgestopft mit Sieben, Tresoren, Waagen, mit Schneeschuhen, Sägen, Beilen, Spitzhacken, mit Registrierkassen, Schreibmaschinen, Waschbrettern. Wenn nichts Originales aufzutreiben ist, müssen Imitationen und Nachbauten Ersatz leisten. Auf die Spitze getrieben wird die Erinnerung an eine Geschichte, die im Yukon nur ein Kapitel hat, in Dawson City.

Damals legten die Glückssucher die knapp 600 Kilometer lange Strecke von Whitehorse nach Dawson mit allem, was nicht unterging, auf dem Yukon River zurück. Wenn der Fluß im Winter erstarrte, harrten sie dort aus. Heute verbindet der Klondike Highway die beiden Orte. Der wichtigste Teil der wenigen, traurigen Nester am Wegrand sind die Tankstelle und der „General Store“ für den Reiseproviant.

shoes, saws, axes, pickaxes, cash registers, typewriters and washboards. When there is nothing original to be found, imitations and reproductions have to take their place. The memory of a story which has only one chapter in the Yukon is driven to the very limit in Dawson City.

In the old days, the fortune hunters made their way over the 600 kilometer stretch from Whitehorse to Dawson on the Yukon River with anything which floated. When the river froze in winter, they stayed there. Today the two towns are connected by the Klondike Highway.

The most important parts of the few dreary hamlets along the road are the filling station and the “General Store” for traveling provisions.

It is lonely on the road in winter and, if it were not for the occasional encounter with a huge truck, loaded with towering containers full of zinc and lead ore from the mines at Faro, one might believe that the road had been built exclusively for one’s own car.

The Klondike Highway is a narrow strip which seems to lead into a void. The mountain ranges, seldom rising higher than two thousand metres, flow in monotonous undulations into the distance, hardly a peak rearing above the massive, snow-covered domes, ground smooth by the wind. There

Warten auf den Einsatz – Schlittenhunde fühlen sich erst wohl in Eis und Schnee

Waiting for the start – huskies are at their happiest in the ice and snow

Berggipfel, wohin das Auge schaut – die meisten von ihnen tragen keine Namen

Mountain peaks wherever one looks – most of them have no name

Auf dem Weg ist man im Winter fast allein und begegnete einem nicht ab und zu ein riesiger Lastwagen, der imposante, mit Zink und Bleierz gefüllte Behälter aus den Minen von Faro geladen hat, könnte man glauben, die Straße sei ausschließlich für den eigenen Wagen gebaut worden.

Der Klondike Highway ist ein schmales Band, der ins Nichts zu führen scheint. Die Bergketten erheben sich selten höher als zweitausend Meter, sie fließen in monotonen Rundungen dahin, kaum eine Spitze ragt aus den Massiven, nur schneebedeckte Kuppeln, die vom Wind rundgeschmirgelt wurden. Kein Baum steht dort oben, denn selbst für die robustesten unter ihnen ist es zu unwirtlich. Die Fichten, Weiden, Birken und Espen breiten sich lieber an den Ufern und in den Seitentälern des Yukon River aus, hunderte und aberhunderte von Kilometern weit: Nur für das menschliche Auge ist der Horizont hier eine Grenze. Und je weiter man nach Norden fährt, um so übermächtiger wird die Natur. Viele Seen fangen an zu atmen, dichter Nebel steigt aus ihnen auf und nimmt den Menschen jedes

are no trees up there, for it is too inhospitable, even for the most robust species. The spruce, willow, birch and aspen prefer to spread along the banks and side valleys of the Yukon River, for hundreds and countless hundreds of kilometers, the horizon here is a barrier only for the human eye.

And the further north one goes, the fiercer nature becomes. As the many lakes begin to breathe, thick mists rise from them, robbing men of their feeling for distance, speed and direction. But nature can also charm, displaying a fragile, flattering, enchanted beauty when, at sunset under a bright blue sky, the ice encrusted aspen sparkle and the spruce, clad in thick robes of snow, appear to be sunning themselves in the last rays of daylight. Then one might even believe that the bitter wind had not ground the mountain peaks smooth, but had tenderly stroked them for millions of years to make them so gently rounded. And then one does not believe those who say that God was tired when he created this country – so wrote the English author Robert Service, who lived in Dawson at the

Gefühl dafür, wie weit, wie schnell und wohin sie fahren. Die Natur kann aber auch charmant sein, eine fragile, schmeichlerische, verzaubernde Schönheit zeigen, wenn beim Sonnenuntergang unter blendend blauem Himmel die eisverkrusteten Espen funkeln und sich die in ein dickes Schneekleid gehüllten Fichten im letzten Licht des Tages zu sonnen scheinen. Dann glaubt man sogar, daß der rauhe Wind die Bergkuppen nicht blank gefegt, sondern über Jahrmillionen so lange zärtlich gestreichelt hat, bis sie sanft gerundet waren. Und dann glaubt man jenen nicht, die sagen, Gott sei müde gewesen, als er dieses Land erschaffen habe – so schreibt es der englische Dichter Robert Service, der Anfang des Jahrhunderts in Dawson lebte, in seinem „spell of the Yukon". Vom „verfluchtesten Land" ist in dem Gedicht die Rede, einem Land, das nur dazu tauge, es so schnell wie möglich zu verlassen, von einem harten, menschenleeren Land mit totengleichen Tälern, in dem die Berge keine Namen trügen, weil nie jemand dagewesen sei, sie zu benennen.

turn of the century, in his "Spell of the Yukon". The story tells of the "cussedest land that I know", a land to be shunned, a hard, deserted land with deep, deathlike valleys and mountains that have no names because nobody has ever been there to name them.

But there is one tiny corner in the Yukon in which people gave every stream and every hillock a name, because that was where they hoped to make their fortune. The cold, stony, over-rich soil around Dawson, three hundred kilometers south of the Arctic Circle, has been sifted again and again and piled up in huge heaps which look like the plundered graves of giants - alien and ghostly in the middle of this monumentally unspoiled land.

In winter, only one road leads to Dawson and that ends in the gold rush town. That was just the same earlier: those who came here did not come to a staging post, there was only one way back and this was where destiny decided between triumph and failure.

Von Whitehorse bis Fairbanks – der Sponsor Fulda war fast überall präsent

From Whitehorse to Fairbanks – the sponsor Fulda was present nearly everywhere

Am Zusammenfluß von Yukon und Klondike lagen einst die riesigen Goldfelder des Nordens

At the confluence of the Yukon and the Klondike were once the huge goldfields of the north

Doch es gibt im Yukon einen winzigen Zipfel, in dem die Menschen jedem Bach und jedem Hügel einen Namen gegeben haben, weil sie dort ihr Glück zu finden hofften. Die kalte, steinige, überreiche Erde rund um Dawson, 300 Kilometer südlich des Polarkreises, ist wieder und wieder durchstöbert und zu mächtigen Halden aufgeschüttet worden, die unter der Schneedecke wie geplünderte Hünengräber wirken – fremd und gespenstisch inmitten der monumentalen Unberührtheit dieses Landes.

Nach Dawson führt im Winter nur eine Straße, und sie endet in der Goldgräberstadt. Früher war das nicht anders: Wer hierher kam, erreichte keine Zwischenstation, es gab nur den Weg zurück, hier entschied sich das Schicksal zwischen Triumph und Scheitern.

Der Goldrausch erfaßte wie ein Fieber das von einer schweren Depression erschütterte Amerika. Hunderttausende machten sich auf den Weg, tausende starben an den Strapazen und der Kälte. Dawsons Bevölkerung schwoll binnen zwei Jahren auf 30.000 Menschen an. Aus der gottverlassenen Einöde wurde ein grelles Fanal der Zivilisation inmitten der Wildnis, mit Kabaretts und Vaudeville-Theatern, Luxusgeschäften und einem florierenden Rotlichtviertel. 400 Prostituierte gingen dort bald ihren Geschäften nach, vier Unzen Gold nahmen sie als Lohn für eine Nacht. Zum Mythos wurde der Goldrausch am Klondike aber erst durch seine Chronisten. Schon 1899 war eine Telegraphenleitung von

The gold rush spread through an American shattered by a severe depression, like a fever. Hundreds of thousands started out, thousands died from the hardships and the cold. Within two years, Dawson's population swelled to 30,000 souls. This godforsaken desert was turned into a glaring beacon of civilization in the middle of the wilderness, with cabarets and vaudeville theatres, luxury shops and a flourishing red light district. There were soon 400 prostitutes plying their trade there, demanding four ounces of gold for a night. But the gold rush on the Klondike only became a legend through its chroniclers. As early as 1899, a telegraph line was completed between Dawson and British Columbia and the whole world heard without delay about the latest finds and the most incredible fortune hunters' tales. Later, they were able to read about the adventures on the Yukon River, in a literary form served up by Jack London or Robert Service.

The madness only lasted a few years. The "stampeders" moved on, after they had robbed nature of more than a hundred tons of gold, some to Nome in Alaska, for example. Dawson collapsed. At the middle of the century there were only a few hundred people living here.

Dawson began to think about its past in the sixties, rebuilt the town and made it into one of the most unreal human settlements on earth. Today Dawson is a bizarre mixture of museum, film set, Disneyland and total work of art. In summer, it is overrun by tens

Dawson nach British Columbia fertiggestellt, die ganze Welt erfuhr jetzt ohne Verzögerung von den neuesten Funden und unglaublichsten Glücksrittergeschichten und konnte später die Abenteuer am Yukon River bei Jack London oder Robert Service literarisch verbrämt nachlesen.

Der Spuk dauerte nur wenige Jahre. Die „Stampeders" zogen weiter, nachdem sie der Natur mehr als 100 Tonnen Gold abgepreßt hatten, etwa nach Nome in Alaska. Dawson verfiel. Mitte des Jahrhunderts lebten hier nur noch wenige hundert Menschen.

Dawson besann sich in den 60er Jahren seiner Vergangenheit, baute sich selbst wieder auf und machte aus sich eine der unwirklichsten menschlichen Niederlassungen dieser Erde: Heute ist Dawson eine bizarre Mischung aus Museum, Kulissenstadt, Disneyland und Gesamtkunstwerk. Im Sommer fallen zehntausende Touristen ein und machen aus dem Ort einen Rummelplatz mit dem üblichen Nippes- und Devotionalienhandel. Im Winter, wenn fast alle Hotels und die meisten Geschäfte geschlossen sind und nur noch 2000 statt der sonst 4000 Einwohner in der Kälte ausharren, wirkt Dawson wie ein Illusionstheater am Ende der Welt.

Die Goldgräberstadt gibt sich alle Mühe, so auszuschauen wie vor 100 Jahren. Die Straßen sind noch immer mit Kies bedeckt und nicht mit Asphalt, die Gehsteige sind wie damals aus Holzbohlen gezimmert. Die wenigen historischen Gebäude, die die ständigen Brände in der

of thousands of tourists who turn the town into a marketplace with the usual trade in bric-a-brac and relics. In winter, when nearly all hotels and most shops are closed and only 2000 instead of the normal 4000 inhabitants stay on here in the cold, Dawson is like a theatre of illusion at the end of the world.

The gold rush town makes every effort to appear as it did 100 years ago. The streets are still surfaced with gravel and not with asphalt and the sidewalks, as in the old days, are made of wooden planking. The few historic buildings which have withstood the continual fires in the all-timber town have been painstakingly restored, some of them left in their original condition as wind-twisted witnesses to the past. Every new building has to be built, according to the strict town guidelines, in the style of the turn of the century. Facade cladding of horizontally laid wooden planks is mandatory, as are quartered sash windows or coloured insets in doors and windows. Bay windows are welcome, and old-fashioned letter boxes and bell pushes in the form of nuggets. In this way a stylistic coherence has been achieved, which is only disturbed by a couple of filling stations, telephone boxes and mail boxes.

But, in a grotesque way, the whole town seems out of place: its historical style in the middle of the wilderness lends it the quality of a death mask, nothing but a shallow cast. In Diamond Tooth Gertie's Casino, for ex-

Nur wenige Pisten durchziehen den subarktischen Wald- und Tundragürtel

Only very few roads lead through the subarctic forest and tundra belt

Das Goldwaschen ist im Somme eine beliebte Freizeitbeschäftigung für die Tourister

Panning gold is a favorite pastime activity for tourists in the summe

Stadt ganz aus Holz überstanden haben, sind aufwendig restauriert worden, einige von ihnen als windschiefe Zeugen der Vergangenheit im Originalzustand belassen. Jedes neue Gebäude muß nach den strengen Richtlinien der Behörden im Stil der Jahrhundertwende errichtet werden. Fassadenverkleidungen aus horizontal verlaufenden Holzbrettern sind ebenso Vorschrift, wie geviertelte Schiebefenster oder farblich abgesetzte Einfassungen von Türen und Fenstern. Erker sind gerne gesehen, auch altertümliche Briefkästen und Klingelknöpfe in der Form von Nuggets. So ist in Dawson eine stilistische Geschlossenheit entstanden, die nur von ein paar Tankstellen, Telefonzellen und Briefkästen gestört wird.

Aber die ganze Stadt wirkt auf eine groteske Art deplaziert: Ihr historisierender Stil inmitten der Wildnis gibt ihr etwas Totenmaskenhaftes, alles ist nur ein schaler Abguß: Im Spielcasino Diamond Tooth Gertie's zum Beispiel gibt es keine Laszivität mehr, sondern nur noch familienfreundlich hergerichtete Can-Can-Girls. Die grellen Farben der Stadt – viele Häuser sind lindgrün, altrosa, zitronengelb oder knallorange gestrichen – erscheinen als alberne Vorwitzigkeit gegenüber der strengen Komposition der Natur aus Weiß und Grau und Grün. Und die überdimensionierten Fassaden von Dawson – dahinter duckt sich ein bescheidener, wellblechverkleideter Kubus – erwecken den Eindruck, als hätte man mit billigen, illusionistischen Tricks versucht, der Übermacht der Landschaft etwas Ebenbürtiges entgegenzusetzen. Das aber erlaubt die Natur des Yukon nicht. Und so wird in dieser Stadt, die aus klapprigen Filmkulissen errichtet zu sein scheint und hartnäckig die Vergangenheit beschwört, deutlicher als irgendwo sonst die Flüchtigkeit alles Menschlichen in diesem riesenhaften Land entlarvt.

Tradition und Fortschritt – moderne Sonnenbrille und alte Symbole einträchtig vereint

Tradition and progress – modern sunglasses and ancient symbols peacefully united

ample, the show is no longer lascivious, but features family-friendly costumed Can-Can girls. The glaring colours of the town - many houses are lime green, old rose, lemon yellow or bright orange - appear as silly impertinences in the face of nature's stern composition of white and grey and green. And the oversized facades of Dawson - behind them hide modest, corrugated iron clad cubes - give the impression of an attempt, with cheap conjuring tricks, to set up something to rank equally with the overpowering landscape. But nature does not permit that in the Yukon.

And so, more clearly than anywhere else in this immense land, it is in this town, which seems to have been erected from flimsy film sets and which stubbornly worships the past, that the fleeting span of all human affairs is revealed.

WIE EINE REIFENFIRMA „AUF DEN HUND KOMMT…“

∆ How a tire company goes to the dogs

[von/by Jürgen Hampel]

Zäh, ausdauernd und schnell – die Hunde beim Quest sind von besonderem Schlag

Tough, swift and with stamina – the quest dogs are of a special sort

Im Saal herrscht brütende Hitze. Die Klimaanlage gibt ihr Bestes – doch in der Hitze des Sommers 1996 steigen die Temperaturen auch im Konferenzsaal des Sheraton in Frankfurt auf tropische Werte. Die rund 20 Personen in der unfreiwilligen Sauna haben längst das Jackett abgelegt und die Ärmel aufgerollt. Eine Abkühlung tut Not, doch die ersehnte Kälte hängt unnahbar an den Wänden. Poster voller Schnee und Eis – bizarre Felslandschaften, erstarrt unter einer meterdicken Decke aus Blankeis. „Minus 45 Grad sind keine Seltenheit – und dies oft wochenlang“. Wie ein Hohn klingen die Worte von Klaus Roth, der als Marketingmanager des Yukon-Territory im Norden Kanadas die – zumindest heute – undankbare Aufgabe hat, die versammelten deutschen Journalisten mitten im Sommer von den Vorzügen seiner Region im Winter zu überzeugen.

Wie ein Hohn klingt sein Vortrag – aber gleichzeitig auch wie die Rettung. An diesem Tag hat er aufmerksame Zuhörer, die an seinen Lippen hängen, als könnte dadurch der kalte Atem der Polarluft, von der Klaus erzählt, direkt auf die schweißnassen Köpfe der Journalisten überspringen. „Wenn die Temperatur mal kurz auf minus 15 Grad steigt, sprechen die Zeitungen von einer heatwave, einer Hitzewelle.“

∆ It is steaming hot in the meeting room. The air conditioning is doing all it can – still, temperatures in the summer of 1996 have, even in the conference room of the Sheraton hotel in Frankfurt, reached tropical proportions. The 20 or so persons, steeped in this involuntary sauna, have long ago taken off their blazers and rolled up their shirt sleeves. A cool down is desperately needed, and yet the desired cool hangs at an unattainable distance on the walls.

Posters full of snow and ice – strange glacier landscapes are frozen underneath a meter-thick blanket of shining snow. “It’s not unusual here to have temperatures of minus 45 degrees – and this will last for weeks.” These words sound mocking when spoken by Klaus Roth, the marketing manager of the Yukon Territory in northern Canada, with his unrewarding task of trying to convince, at least today, the gathered group of German journalists of the advantages of his region in winter while we are seated in the midst of summer.

His presentation sounds like a mockery – but at the same time like salvation. On this day he has attentive listeners who cling to his words as if, in this way, the cool breath of polar air, which Klaus is describing, could directly pass over to the sweat-drenched heads of the journalists. “When temperatures briefly rise to minus 15 degrees, the newspapers then speak of a heat wave.”

Danke Klaus. Doch damit noch nicht genug. Er legt noch einen weiteren „Eiswürfel“ auf die Wunde. „Nachts lassen wir die Autos laufen, damit sie morgens noch anspringen. Die Motoren laufen dann zwar, doch für ein paar Kilometer fühlst du dich selbst auf dem Highway wie auf einer von Schlaglöchern übersäten Strecke. Die Reifen sind unten plattgefroren und tauen erst nach und nach wieder auf und werden rund.“

Reifen – das ist das Stichwort für Holger, der mit seiner Frankfurter Agentur das Yukon Territory in Deutschland, Österreich und der Schweiz repräsentiert. „Du hast doch Kontakte überallhin.“ Das zweifelnde und eindeutig bestimmte „JEIN“ läßt Holger nicht gelten und bohrt nach. „Du arbeitest doch für den Reifenhersteller FULDA, und wir suchen noch einen Sponsor für das Yukon Quest, das härteste Hundeschlittenrennen der Welt.“

Holger gerät ins Schwärmen. „1600 Kilometer durch Eis und Schnee, von Whitehorse im Yukon bis Fairbanks in Alaska. Die Gespanne laufen täglich rund 160 Kilometer – eine unglaubliche Leistung. Mensch und Tier im Kampf gegen eine unberechenbare Wildnis. Wütende Elche, hungrige Wölfe, zugefrorene Flüsse und Seen, Temperaturen von bis zu minus 45 Grad, Dawson City, Jack London.“ Seine Begeisterung steckt an. Alles klar? Klar!

Thanks Klaus. But he doesn't leave it at that. He rubs another "ice cube" into the wound. "We leave the cars running at night, so that they'll start the next morning. The engine is then running, but even on the highway you feel as if you're traveling down a road filled with potholes. The tires are frozen flat on the bottom and start to slowly thaw until they're round again."

Tires – that's the buzz word for Holger who, with his Frankfurt agency, represents the Yukon Territory in Germany, Austria and Switzerland. "But you've got contacts everywhere." Holger rejects the doubt-ridden and clear intended yes-no response and persists. "But you work for the FULDA tire manufacturing company and we're still in search of a sponsor for the Yukon Quest, the toughest dog sled race in the world."

Holger launches into rapturous explanation. "1,600 kilometers of snow and ice, from Whitehorse in the Yukon to Fairbanks, Alaska. The dog teams run 160 kilometers daily – an incredible feat. Man and animal in a struggle against incalculable wilderness. Raging moose, ravenous wolves, frozen lakes and rivers, temperatures down to minus 45 degrees, Dawson City, Jack London." His enthusiasm is contagious. Did you catch it? Sure!

If anyone should still wonder what the logical connection is between a dog race

Mit modernster Technik auf den Spuren der Yukon Quest-Teams

Tracking down the Yukon Quest teams with state-of-the-art technology

Wer noch Zweifel hat, wo die logische Verbindung zwischen einem Hunderennen und einem Hersteller von Autoreifen liegt, dem ist eigentlich nicht mehr zu helfen. Zu diesem Schluß kommen wir relativ schnell. Die Verbindung ist klarer und schlüssiger, als beispielsweise die Kombinationen Autorennen und Zigaretten oder Schnaps. Und was verbindet den Fußballtrainer Otto Rehhagel mit Dachfenstern oder den inzwischen rundlich gewordenen Uwe Seeler mit Handys? Wo ist die Logik zwischen einer Mineralwasserfirma, die einen Spionagethriller präsentiert und die Verbindung zwischen einer Bierbrauerei und einem Champions-League-Spiel? Sicherlich nicht, um die unumgängliche Doping-Kontrolle nach dem Spiel zu verwässern.

Die Hunde beim Yukon Quest müssen zäh und ausdauernd sein, schnell und zuverlässig. Alles Eigenschaften, die auch auf Reifen zutreffen. Belastbar, leise, umweltgerecht – die Reihe ließe sich noch weiter fortsetzen bis hin zu der Tatsache, daß die Hunde auf vier Pfoten laufen, die Autos auf ihren vier Reifen.

Image-Transfer heißt das Zauberwort, und schlaue Köpfe haben längst erkannt, daß man mit dem Sponsoring seine Zielgruppe in der sogenannten „nichtkommerziellen" Situation sozusagen kalt erwischt. Der Konsument wird in der aktiven und passiven Freizeitgestaltung erreicht und akzeptiert deshalb das Sponsoring als

and a manufacturer of automobile tires, then this person is actually beyond help. We are pretty quick to come to this conclusion. The connection is clearer and more evident than, for example, the combinations of car race and cigarettes or liquor. And what is the connection between the soccer coach Otto Rehhagel and roof windows, or the now pudgy former soccer player Uwe Seeler and mobile phones? What is the logic of a mineral water company presenting a spy thriller and the connection between a beer brewer and a NBA or NFL game? Definitely not to water down the inevitable doping control tests after the game.

The dogs at the Yukon Quest have to be tough and persevering, swift and dependable. All of which are characteristics that also apply to car tires. Sturdy, silent, environmentally-friendly – the list could continue on up until the fact that dogs run on four paws and cars on four tires.

"Image transfer" is the magic word and the smart ones have long realized that through sponsoring you can take your target group unawares in a so-called "non-commercial" situation. The consumer is reached during his active and passive leisure time and therefore accepts sponsoring as an integral part of his free time activities. Sponsoring creates a dialogue, emotionally-connecting and sensitizing us to a brand.

Gerade morgens liegt oft noch feiner Nebel über der Landschaft

Especially in the mornings a fine mist still lies over the landscape

In und um Whitehorse konnte man den Sponsor nicht übersehen

You couldn't overlook the sponsor in and around Whitehorse

integrierten Bestandteil der Freizeitaktivität. Sponsoring schafft einen Dialog, emotionalisiert und sensibilisiert für eine Marke. Sponsorschaften erzeugen eine Beziehung zwischen dem „event" und der Marke – ebenso zwischen dem Zuschauer und der Marke.

Soweit die Theorie, die Praxis, das Yukon Quest zu sponsorn, zwingt uns zuerst einmal in den Flieger nach Vancouver, dem Tor zum Yukon. Direktflüge gibt es 1996 nicht. Gut so, denn Vancouver zählt sicherlich zu den schönsten Städten der Welt. Und seine Taxifahrer offensichtlich zu den Ehrlichsten. Zumindest Jim, der Bernd J. Hoffmann, den Verkaufs- und Marketingdirektor von FULDA, und Michael Kuhn, den Marketingleiter, an einem sonnigen Novembertag vom Hotel zum Flughafen kutschiert. Die Nennung des Reiseziels der beiden, Whitehorse, entlockt ihm nur ein mitleidiges Lächeln. „Hoffentlich habt ihr eure langen Unterhosen im Gepäck, dort oben ist es verdammt kalt." Auf die Gegenfrage, ob er selbst denn schon einmal im Yukon gewesen sei, tippt sich Jim im übertragenen Sinn nur an die Stirn: „Jesus, Whitehorse – dieser Platz steht nicht gerade ganz oben auf der Wunschliste meiner Urlaubsziele."

Guter Einstieg für den mehr als zweistündigen Flug in den Norden, den diesmal -nomen est omen- die „Spirit Air" für die Air Canada übernimmt. Die eigene Boeing 727 wird gerade generalüberholt, die „Spirit" hätte es dringend nötig. Der Teppichboden ist mit beidseitigem Klebeband an einigen

Sponsored events create a relationship between the event and the brand – as well as between the spectators and the brand.

So much for the theoretical side, the actual situation of sponsoring the Yukon Quest forces us to first board a plane to Vancouver, the gateway to the Yukon. In 1996, there are no direct flights. That's a good thing, since Vancouver is probably one of the most beautiful cities in the world. And their taxi drivers apparently among the most honest. At least Jim, the taxi driver who drove Bernd J. Hoffmann, the sales and marketing director at Fulda, and Michael Kuhn, the marketing manager, from the hotel to the airport on a sunny November day. On them stating their trip's destination to Whitehorse, he only responded with a consolatory smile. "I hope you've packed your long underwear; it's damn cold up there." When countered with the question whether he himself has ever been to the Yukon, Jim taps his forehead, metaphorically speaking, and says: "Jesus, Whitehorse – that place isn't exactly at the top of my priority list of where to vacation."

A good start for the over two-hour flight up north, which is taken over from Air Canada by – omen est nomen – "Spirit Air". Their own Boeing 727 was undergoing a general overhaul; the "Spirit" would have had it desperately necessary. The carpets were temporarily affixed in some places with double-sided tape, the seats rattled,

Stellen nur notdürftig fixiert, die Sitze klappern, dafür liegt das Alter der Stewardessen um gute zehn Jahre unter dem der Maschine. Und Patsy, die unübersehbar an eine „Baywatch"-Nymphe erinnert, zählt immerhin schon stolze 25 Lenze. Normalerweise ist die „Spirit" in Richtung Florida und Kalifornien unterwegs, der Einsatz in den Norden ist für Mensch und Material schon fast eine Strafversetzung.

Jim hat Recht behalten. Die langen Unterhosen soll man schon im Gepäck haben, wenn man sich im Winter aufmacht, den kanadischen Norden zu besuchen. Das Thermometer in Whitehorse zeigt bei strahlendem Sonnenschein minus 18 Grad.

„Hi guys", die Begrüßung von Klaus Roth ist herzlich. Kein Wunder, bringen die Besucher aus Deutschland doch die „heatwave", die Hitzewelle mit. „In den letzten Tagen hatte sich die Quecksilbersäule so um die minus 35 Grad eingependelt, ihr habt wirklich Glück mit dem Wetter." Witzbold! Die Nase verklebt, die Brillen beschlagen, in den dünnen Turnschuhen drängen sich die Zehen eng aneinander – aus Angst, jämmerlich zu erfrieren.

Schließlich wollen sie nicht in einem Glas Spiritus enden, so wie jener Zeh, der inzwischen fast schon zur Legende des ebenso klassischen wie berühmt-berüchtigten Yukon-Drinks geworden ist. Captain Dick vom Schiff „Yukon Lou" konservierte einen erfrorenen, amputierten Zeh, den er in einer verlassenen Hütte gefunden hatte, in Spiritus. Seit dieser Zeit gilt es als eine

but for that the flight attendant's age is a good ten years below that of the plane's. And Patsy, who you couldn't help thinking looked like a "Baywatch" nymph, is all of 25 years of age if that. The "Spirit" usually travels down towards Florida and California – traveling north is almost an act of disciplinary transfer for man and machine.

Jim had been right. You should pack your long underwear if you're planning to visit northern Canada in the winter. The thermometer in Whitehorse reads minus 18 degrees in the bright sunshine.

"Hi guys" is Klaus Roth's heartfelt welcome. That's no surprise since the German visitors do after all bring the heat wave along with them. "In the last few days the column of mercury had steadied to around minus 35 degrees. You're really lucky with the weather." Witty fellow! Nose taped, glasses fogged, toes squeezed close together in thin running shoes – scared of pitifully freezing off.

They don't after all want to end up in a glass of alcohol like that one toe which has come to be just as much a legend as the equally classic and infamous Yukon drink, the Sourtoe Cocktail. Captain Dick of the "MV Yukon Lou" preserved a frozen, amputated toe that he had found in an abandoned trapper's cabin. Since then, there is a sort of initiation ritual among true northerners: drinking a glass of whiskey with the toe floating

1997 fand der Star
in Whitehorse stat

1997, the starting line was
set up in Whitehorse

Warme Decken schützen
vor der grimmigen Kälte

Warm blankets protect agains
the bitter cold

Art Aufnahmeprüfung in den Kreis der wahren Nordmänner, ein Glas Whiskey, in dem der Zeh schwimmt, auf einen Zug zu leeren. Die Kunst besteht darin, einerseits möglichst keinen Tropfen Alkohol im Glas zurückzulassen und andererseits den Zeh nicht zu verschlucken. Wie dem auch sei – der Originalzeh, so die Geschichte und Geschichten, mußte in den letzten 25 Jahren einige Male ersetzt werden.

Natürlich macht diese Story auch in der Bar des High Country Inn die Runde, das 1997 als offizielles Quest-Hotel in Whitehorse ausgeschaut worden ist. Die Bar ist eigentlich eine offene Terrasse, nur die fragile Konstruktion von schmalen Dachlatten und immerhin einer doppelten Lage Plastikfolie bewahrt die Besucher vor dem sicheren Kältetod. Denn inzwischen ist es draußen dunkel geworden, und die Temperaturen sind auf minus 36 Grad gefallen. Außerhalb der Plastikfolie, versteht sich, denn in der „Alkoholsauna" kämpft ein Yukon-Ofen erfolgreich gegen die Kälte an. In unmittelbarer Nähe des rotglühenden Ofens und seiner heißen Rohre, die sich wie Tentakel durch den „Wintergarten" schlängeln, besteht die Gefahr, daß das Bier im Glas verdampft. Doch Vorsicht. Schon einen halben Meter weiter in Richtung Plastik gefriert der Gerstensaft in kleinen Klümpchen im Glas, „beer on the rocks".

Auch die „Spirit-Crew" wagt die Gratwanderung zwischen heißen Ohren und kalten Fingern. Patsy ist in Hochform. Die Hitze am Ofen scheint sie an ihre Wahlheimat Kalifornien zu erinnern. Das T-Shirt gibt sich wahrlich Mühe, alles unter Kontrolle zu halten. Und der Kopilot beharrt nach dem vierten Bier darauf, ihm auf sein Zimmer zu folgen. Ein Schelm, wer dabei Böses denkt. Der Mann will nur seine Unterkunft vorführen, denn so recht will ihm keiner glauben, daß er durch die Dusche muß, wenn er zum Bett will. Der Mann hat recht. Beim Umbau der früheren Jugendherberge zum Hotel mußte so mancher Kompromiß geschlossen werden.

Kompromißlos dagegen ist die Natur hier oben im weiten Norden Kanadas. Ein tief gefrorener Eispanzer überzieht das Land. Eine lange Nacht legt sich im Winter über Mensch und Natur. Erst nach zehn

inside at one go. The art of it is to, on the one hand, try and not let a drop of alcohol remain in the glass and, on the other, not swallow the toe. Well, however you see it – according to the story or stories told, the original toe has had to be replaced several times in the last 25 years.

This story of course also makes the rounds in the bar of the High Country Inn, which had been selected as the official Quest hotel in Whitehorse in 1997. The bar is actually an open terrace; the fragile construction of narrow roof battens and, granted, a double layer of plastic are all that protect guests against sure-fire freezing to death. For in the mean time it has turned dark outside and temperatures have fallen to minus 36 degrees. We're of course talking about outside the plastic sheet, for in this "alcohol sauna" there is a Yukon furnace which is successfully battling the cold. In the direct vicinity of the glowing red furnace and its hot pipes, which wind like tentacles through this "plant conservatory", the beer is in danger of vaporizing from the glass. But careful. Go just a half meter further towards the plastic sheet and the barley juice freezes into small lumps in your glass: "beer on the rocks".

The "Spirit crew" also dared to walk the fine line between hot ears and cold fingers. Patsy feels great. The heat emanating from the furnace seems to remind her of her elected California home front. Her T-shirt is doing its utmost to keep everything under control. And the copilot, after his fourth beer, insists on her accompanying him to his room. Shame on you for thinking something bad. The man just wants to show somebody his lodgings, since no one really wants to believe that he has to pass through the shower in order to get to his bed. The man's right. Reconstructing the former youth hostel into a hotel had to allow for some compromises.

By comparison, nature is uncompromising up here in the wide-open northern region of Canada. A deeply frozen coat of ice covers the land. In winter a long night falls over man and nature. It doesn't become light until past 10 a.m. Only slowly do the

DER CAPTAIN BITTET ZUM COCKTAIL

Captain Dick von dem Schiff „Yukon Lou" ist bekannt für einen schändlichen Cocktail, der nichts für zartbesaitete Naturen ist. Dazu braucht es einen echten, in Alkohol aufbewahrten Zeh, der in das Getränk ihrer Wahl kommt. Die Originalzehe für diesen Drink stammt aus einer verlassenen Hütte und wurde von Captain Dick vor 25 Jahren in Alkohol konserviert. Diese Zehe ist irgendwann mit heruntergeschluckt worden. Auch die weiteren von Captain Dick organisierten Zehen erlitten das gleiche Schicksal. So ist der Captain permanent auf der Suche nach Ersatzzehen für seinen Cocktail. Übrigens: Wer den Cocktail trinkt oder Zehen organisieren kann, erhält ein Zertifikat. Wer dagegen Zehen herunterschluckt, wird streng bestraft. Ein etwas harmloserer Cocktail enthält statt der abgefrorenen Zehen der „Stampeders" Eiswürmer aus den Gletschern der St.-Elias-Berge. Wenn in Ihrem Drink wirklich etwas weißes, undefinierbares schwimmt, so handelt es sich laut ihrem Gastgeber um einen Eiswurm. Die Wirklichkeit ist weniger fleischhaltig: Sie werden mit einem Spaghetti-Stückchen auf den Arm genommen.

Aus der Vogelperspektive wird deutlich, wie schroff und abweisend weite Teile des Yukons sind

From a bird's eye view it becomes evident how rugged and uninviting large regions of the Yukon are

THE CAPTAIN INVITES YOU TO A COCKTAIL

Captain Dick of the "Yukon Lou" is known for a shameful cocktail which is nothing for those of a sensitive nature. It requires a real toe preserved in alcohol to be placed in the drink of your choice. Captain Dick found the toe in an old abandoned trappers cabin 25 years ago. At some point this toe was swallowed down with the drink. And the other toes accumulated by Captain Dick suffered the same fate as well. The Captain is therefore constantly on the lookout for spare toes for his cocktail. By the way: Anyone who drinks the cocktail or can round up some toes receives a certificate. But anyone who swallows down the toes is severely reprimanded. Another, a bit more harmless, cocktail contains not the toes of the "stampeders" but ice worms from the glaciers of St. Elias instead. If something white and unidentifiable is really floating in your drink, then this is, according to your host, an ice worm. Reality is a little less meaty: You're being duped with a piece of spaghetti.

Nicht nur für die Hunde, auch für die Musher hatte FULDA gesorgt

FULDA has taken care of not only the dogs, but the mushers too

Uhr wird es hell. Nur langsam nehmen die schemenhaften Umrisse Gestalt an. Die Landschaft dampft. Doch wenn sich die Sonne durch den Nebel gekämpft hat, entfaltet sich in der glasklaren Luft eine schier unbeschreiblich schöne Szenerie. In fast unwirklichem Weiß pudert der Schnee die Hügel und Bäume, eine hörbare Stille durchzieht das weite Land. Ein tiefblauer Himmel spannt sich über Flüsse und Seen, die unter einer meterdicken Eisschicht ihren Winterschlaf halten. Doch schon kurz nach drei Uhr nachmittags fällt der Vorhang. Das Licht verliert sich am Horizont, die Nacht holt den Tag ein – doch was für eine Nacht. Kurz vor Mitternacht bricht der Spuk los. In sternklaren Nächten spielt das Polarlicht mit der Phantasie des Betrachters. In allen Farben zieht sich das geisterhafte Licht dahin. Mal schemenhaft zerbrechlich wie ein filigranes Kunstwerk aus Glas, mal massiv wie eine Wand. Über hunderte von Kilometern leuchtet die „aurea borealis": grün, rot, violett und blau. Wolfsgeheul durchdringt die Nacht.

Taxifahrer Jim aus Vancouver ist vielleicht ein ehrlicher Mann – doch sollte er umdenken und den Yukon deshalb etwas weiter oben auf die Liste seiner favorisierten Urlaubsziele setzen. In Ordnung, mit den langen Unterhosen hat er Recht behalten, doch wie heißt es so schön: Es gibt kein schlechtes Wetter, nur unpassende Kleidung. Wir haben uns kurzerhand darauf eingestellt und die Turnschuhe gegen Stiefel getauscht, die bis minus 80 Grad warme Zehen garantieren. Kein Nachschub für den „Yukon-Drink". Dicke Parkas mit eingearbeiteten Handwärmern, Fleece-Pullover, Fleece-Hose und Daunenüberhose, Mütze und Handschuhe – die Nordpol-Expedition ist für ihren ersten Winterausflug bereit.

Was auf den ersten Blick vielleicht als etwas zu dick aufgetragen erscheinen mag, ist hier oben im Norden lebensnotwendig, vor allem, wenn man mit dem Hubschrauber oder der kleinen, einmotorigen Cessna unterwegs ist. Eine Notlandung und schnell erkennt man die Notwendigkeit der richtigen Ausrüstung. Zudem können wir testen, ob das Material geeignet ist, die rund 30 Journalisten, die im Februar auf Einladung von FULDA über den Yukon Quest '97

shadowy silhouettes take on shape. A mist is rising from the landscape. But once the sun has fought its way through the fog, scenery of indescribable beauty unfolds in the crystal clear air. The snow powders hills and trees with an almost surreal white tone; an audible silence permeates the wide-open land. A deep blue sky stretches across rivers and lakes, which are hibernating beneath a meter-thick sheet of ice. And yet just shortly past three o'clock in the afternoon, the curtain begins to fall. The light becomes lost in the horizon, nighttime hauls in the day – but what a night. Just before midnight the ghosts come to call. The polar lights in the star-filled sky play with the imagination of those watching. The ghost-like light spreads in all colors across the sky. At times a diaphanous fragility like filigree art made of glass, at other times solid as a wall. The "aurora borealis" shines for over hundreds of kilometers: green, red, violet and blue. Wolf howls pierce the night.

The taxi driver Jim from Vancouver may be an honest man – but he should change his way of thinking and then maybe place the Yukon a little higher on his list of favorite places to take a vacation. Granted, he was right with the long underwear, but how does that one saying go again: there is no such thing as bad weather, just the wrong type of clothing. We adapted on the spot to it and traded our tennis shoes in for boots, which guaranteed to keep our toes warm at down to minus 80 degrees. No fresh supply for the "Sourtoe Cocktail". Thick parkas with built-in hand warmers, fleece pullover, fleece pants and down wind pants, hat and gloves – the North Pole expedition is ready for its first winter field trip.

What may at first glance strike you as being too heavy with the outfit becomes vital up here in the north, especially if you're traveling in a helicopter or a small, single-engine Cessna. One emergency landing and you'll quickly recognize the necessity of having the right type of clothing. And in addition we can test to see if the material is suitable to keep the approximately 30 journalists, who have been invited by FULDA to report on Yukon Quest '97 in February, warm. The camera crews especially have to

YUKON QUEST
FULDA

Mit Allradfahrzeugen waren die Journalisten dem Quest auf der Spur

The journalists were underway in their four-wheel drives, tracking down the quest

berichten werden, warm zu halten. Gerade die Kameracrews müssen für ihr Material oft stundenlang im Freien ausharren, denn schon nach zwei Tagen zieht sich das Feld der Yukon-Quest-Teilnehmer weit auseinander. Jedes Team versucht, seinen Rhythmus zu finden. Vier Stunden Fahrt – vier Stunden Pause ist die Regel, doch einige fahren auch sechs Stunden und mehr. Zwischen den ersten und den letzten Teams liegen dann bald zwanzig Stunden und mehr.

Adam fliegt den knallgelben Heli mit den vermummten Gestalten. Ziel ist der Lake Labarge, ein See in der Nähe von Whitehorse. Dort ist Ned Cathers zu Hause, ein Experte in Sachen Schlittenhunde. Abwechselnd fahren Ned und seine Tochter Jennine das Quest. Sie sind zusammen mit Frank Turner, der ebenfalls in der Nähe von Whitehorse seine Hundezucht betreibt, unsere Ansprechpartner in Sachen Yukon Quest. Adam fliegt tief über den dick zugefrorenen See. Im Winter können die Cathers mit dem Auto über den See fahren, im Sommer müssen sie das Boot nehmen. Keine Straße führt zu ihrer Lodge mit dem so kanadisch klingenden Namen „Wanderlust".

Das Knattern der Rotoren ist das einzige Geräusch, das die Stille trübt. Es kündigt uns bei den Cathers an. Rund 200

often stand out in the cold for hours to wait for their shot, because, even after just two days, the field of Yukon Quest participants becomes widely spaced. Each team tries to find its rhythm. It generally consists of four hours of racing and four hours rest, although some race for six hours or more. Soon twenty hours or more lie between the first and the last teams.

Adam is flying the bright yellow helicopter with the wrapped-up figures on board. He is headed for Lake Laberge near Whitehorse. That is where Ned Cathers, an expert in sled dogs, lives. Ned and his daughter Jennine trade off running the quest. They, together with Frank Turner who breeds dogs near Whitehorse, are our contact people for all things dealing with the Yukon Quest. Adam flies low over the deeply frozen lake. In the winter the Cathers can drive over it in their truck, in the summer they have to take a boat. There is no road leading to their lodge, which carries the very Canadian sounding name of "Wanderlust".

The chopping noise of the rotors is the only sound that clouds the silence. It announces our pending arrival to the Cathers'. The family has built their little paradise at a

Meter vom Seeufer entfernt hat sich die Familie ihr kleines Paradies aufgebaut. Dicker Rauch quillt aus dem Kamin des Haupthauses, das solide und trutzig zwischen den Bäumen steht. Kleinere Blockhäuser ducken sich verstreut in der Landschaft. Die Cathers nehmen in den Sommermonaten Touristen auf, gehen mit ihnen zum Fischen und Wandern. Wenn der erste Schnee gefallen ist, bieten sie auch Hundeschlitten-Touren an. Jeder Besucher kann so hautnah erfahren, was es heißt, hinter einem Gespann durch die verschneite Landschaft des Yukon zu fahren.

Lautes Geheul erfüllt die Luft. Hinter dem Wohnhaus leben über 80 Huskies in den verschiedensten Größen und Farben. Ned beginnt mit dem Einspannen der Tiere. Ruhig geht er die Reihe der Hundehütten ab. Für jedes seiner Tiere hat er ein gutes Wort übrig, und stets liegt ein Lächeln auf dem von tiefen Furchen gezeichneten Gesicht. Ned liebt seine Hunde, sie gehören zur Familie. Aufgeregt meldet sich jeder Husky zu Wort. Wenn es ans Laufen geht, will keiner zurückbleiben. Doch an diesem Tag haben nur zehn der vierbeinigen Athleten die Gelegenheit, sich auszutoben.

distance of about 200 meters from the lakeside. Thick smoke billows from the fireplace in the main house that stands solidly and defiantly amongst the trees. Smaller log huts lie low across the landscape. The Cathers take in tourists during the summer months and go fishing and hiking with them. Once the first snow has fallen, they also offer dog sledding tours. Every visitor can thus experience upclose what it's like to travel across the snowy Yukon landscape behind a team of dogs.

Loud howling sounds fill the air. Over 80 huskies in various sizes and colors live behind the house. Ned begins hitching up the animals. He calmly passes down the row from one dog hut to the next. He always has a kind word to spare for each of his animals and a slight smile always lingers on his deeply furrowed face. Ned loves his dogs; they are part of the family. Excited, each husky answers by call. When it comes to running, none want to be left behind. But on this day only ten of these four-legged athletes will have the chance to run about free.

The sled is fastened to a tree by a thick rope, since one man alone would not be able to hold these powerful animals: their desire to run is too strong. Excitement is

VERSCHIEDENE KLASSEN

Als Königsdisziplin gilt die offene Klasse, das heißt, die Zahl der Hunde ist unbegrenzt, dennoch hat sich eine Obergrenze von 14 bis 16 Tieren herauskristallisiert, mehr Hunde lassen sich kaum bändigen. Die großen Langdistanzrennen werden in der offenen Klasse ausgeschrieben. Es gibt weitere Einteilungen: sechs bis zehn Hunde, vier bis acht, drei bis sechs und zwei bis drei. Es gibt sogar das Ein-Hunde-Gespann. In der sogenannten Skandinavierklasse zieht der einzige Hund eine Pulka (Schlitten), der wiederrum mit einer Leine mit dem Herrchen oder Frauchen verbunden ist. Der Mensch folgt dem Hund-Schlitten-Gespann auf Langlaufski, meist im Skating-Schritt.

DIFFERENT CLASSES

The open class is considered the regal discipline, i.e. the number of dogs is unlimited, although a maximum number of 14 to 16 animals has evolved, more dogs can hardly be mastered. The big long-distance races are announced for the open class category. There are additional categories: six to ten dogs, four to eight, three to six and two to three. There is even the one-dog team. In the so-called Scandinavian class, a single dog pulls a Lapland sleigh which is in turn connected to the master by a leash. The person follows the dog-sled team on cross-country skis, mainly at a skating pace.

Mit einem dicken Seil ist der Schlitten an einem Baum befestigt, ein Mann alleine könnte die kräftigen Tiere gar nicht halten.

Zu groß ist ihr Drang, zu laufen. Aufregung im Gespann, nur die Leithunde bewahren noch Ruhe. Die Jüngeren können es kaum erwarten. Den Knoten auf und los geht die Hatz. Ned hat sich rund um seine Hütte mehrere Trainingsstrecken präpariert. In rasender Fahrt donnern wir auf den dünnen Kufen durch den Schnee. Die Bäume fliegen vorbei, tiefhängende Zweige peitschen über das Gesicht.

Mit ruhigen Worten lenkt Ned sein Gespann durch die Kurven. Bergauf schiebt Ned mit, wird zum Teil seines Gespannes, um die Hunde zu entlasten. Bergab muß die Bremse sorgsam dosiert werden, damit die Leinen immer auf Zug sind, um Verletzungen zu vermeiden. In diesem Jahr vertritt der Senior die Familie beim Quest. Jetzt, im November, fährt er noch über kürzere Distanzen. Die Hunde werden sorgsam aufgebaut, erst nach und nach an längere Strecken gewöhnt, bis sie täglich die rund 160 Kilometer bewältigen können, die das Yukon Quest ihnen abverlangt. Es sind fast schon methodische Trainingspläne, nach denen gearbeitet wird.

Methodik auch in der Hütte, wo Neds Frau inzwischen frischen Kuchen gebacken hat. In der Ecke rattert die Nähmaschine, es

stirring in the team, only the lead dogs retain their calm. The young ones can hardly wait. Untie the knot and off goes the chase. Ned has devised several training routes all around his cabin. At a dashing tempo, we barrel through the snow on narrow skids. Trees fly by, low-lying branches whip across our faces.

With calm words, Ned steers his team around the curves. Ned joins in by pushing up hills, becoming a part of his dog team. When traveling downhill, he must carefully administer the breaks so that the lines always remain taut, and prevent any injuries. This year the senior member acted as the family representative in the Quest. Now in November, he will only race over short distances. The dogs are carefully built up and made accustomed to longer distances until they can manage the daily 160 kilometer-long treks which the Yukon Quest demands of them. There are practical, methodical training plans which must be adhered to.

It proceeds methodically in the cabin as well, where Ned's wife has in the meantime baked fresh cake. The sewing machine is rattling away in the corner; it is high time to make the booties. Small glove-like booties are pulled on every now and then during the race so as to protect the sensitive dog paws

ist höchste Zeit, die „booties" fertigzustellen. Um die empfindlichen Hundepfoten vor scharfem Eis und dem Schnee zu schützen, der sich zwischen den Zehen verklumpen könnte, werden während des Rennens immer wieder mal die booties, die kleinen Hundeschuhe, über die Pfoten gestreift. Rund 1500 dieser Schuhe benötigt ein Team während des Yukon Quests, erzählt Ned, da die Hunde ihre Schuhe während des Laufens immer wieder mal verlieren, und oft sitzt die Familie den ganzen Winter über den booties.

Muß nicht sein, denkt sich Bernd J. Hoffmann, und ruft sofort das „musher support program", Teil I, ins Leben. FULDA wird die booties für alle Teilnehmer herstellen lassen und kostenlos zur Verfügung stellen. Das Versprechen ist gegeben – die Konsequenz: So schnell wie möglich müssen jetzt 60.000 booties hergestellt werden, mit FULDA-Aufdruck und in verschiedenen Größen und Stärken. Ned Cathers steht mit Rat und Tat zur Seite. Das Material muß sorgfältig ausgewählt, auf den speziellen Einsatz zugeschnitten sein. Feinstes Polarfleece gegen die Kälte, ein Klettverschluß, um die booties bei Kälte auch mit dicken Handschuhen überstreifen und befestigen zu können. Dehnbar müssen die kleinen Schuhe sein und vor allem lang genug, damit die Gelenke geschont werden und

against the sharp ice and snow, which could become lodged in clumps between their toes. Some 1,500 booties are needed by the team during the Yukon Quest, Ned explains, since the dogs tend to lose them during the race. The family is often busy making these booties the entire winter long.

That doesn't have to be, Bernd J. Hoffmann thinks to himself, and immediately establishes the "musher support program" part 1. FULDA will have these booties produced for all participants and made available at no extra cost. The promise has been made – the consequence: to now produce 60,000 booties as quickly as possible with the FULDA logo and in various sizes and thicknesses. Ned Cathers offers support by word and deed. The material has to be carefully selected and tailored to its specific use. The finest polar fleece against the cold, a Velcro strap so that the booties can be pulled on and fastened shut when wearing thick gloves in the cold. These little shoes have to be stretchable and especially long enough to take it easy on the joints and allow the blood to flow easily through the arteries. High-tech for the four-legged athletes.

Talk in Ned's house on this day only revolves around the dogs. We then begin to realize that it's not enough to hitch the four-legged animals and let them run. Meticulous

Booties schützen die empfindlichen Pfoten – dog blankets wärmen die Hunde bei der Rast

Booties protect their sensitive paws – dog blankets keep them warm during breaks

Zugefrorene Flüsse und Seen dienen als provisorische Flugplätze

Frozen-over rivers and lakes serve as temporary airports

das Blut ungehindert durch die Adern laufen kann. High-Tech für die vierbeinigen Athleten.

Beim Gespräch in Neds Haus dreht sich an diesem Tag alles um die Hunde. So langsam erkennen wir, daß es nicht damit getan ist, die Vierbeiner einzuschirren und laufen zu lassen. Die penible Vorbereitung und die richtige Ausrüstung sind unverzichtbar – mehr noch – lebensnotwendig. Die Distanzen zwischen den einzelnen Kontrollpunkten betragen beim Quest oft mehr als 100 Kilometer. Jeder Fehler kann der letzte sein. Das Wohl der Hunde garantiert letztendlich das Leben des Mushers. Kein Wunder, daß die FULDA-Verantwortlichen deshalb das „support program" noch ausweiten. Neben den booties spendiert FULDA auch die Hundedecken, die bei der Rast oder bei extrem kalten Temperaturen dafür sorgen, daß die Hunde nicht zu schnell auskühlen. Dazu gibt es noch Stroh an allen Kontrollpunkten und Anoraks für die Musher.

Schnell vergeht die Zeit bei den Cathers – zu schnell. Im Winter legt sich die Dunkel-

preparations and the right equipment are indispensable – and what is more – vital. The distances in the Quest between each of the checkpoints are often over 100 kilometers apart. Each mistake can be your last. The well-being of the dogs guarantees, in the end, the musher's life. It's no surprise that the FULDA representatives in charge are expanding the support program. In addition to booties, FULDA is also donating dog blankets which ensure that the dogs don't cool down too quickly when taking a rest or in extremely cold temperatures. Furthermore, there are anoraks and straw available at all check points for the mushers.

Time passes quickly at the Cathers' – too quickly. In winter the darkness sets in abruptly across the land. Adam is pressured to hurry. He is flying the helicopter using his sight and his view is already becoming diffused. But our pilot is an expert. Practically all year long he travels through the Yukon in his bright yellow bee. At times mines have to be supplied with replacement parts,

heit abrupt über das Land. Adam drängt zur Eile. Er fliegt den Heli nach Sicht, und die wird schon etwas diffus. Doch unser Pilot ist ein Experte. Fast das ganze Jahr über ist er mit seiner knallgelben Biene im Yukon unterwegs. Mal gilt es, abgelegene Minen mit Ersatzteilen, Lebensmitteln und anderen Gütern zu versorgen, mal müssen Fischer oder Jäger abgesetzt werden. Im Sommer boomt der Tourismus. Dann ist Adam über den Gletschern, Seen, Flüssen und den unendlichen Weiten des Yukon unterwegs, um den Besuchern die Schönheiten des Nordens aus der Vogelperspektive zu zeigen. Dann geht es auch ruhiger und weniger gefährlich zu, als beispielsweise bei den „Spezialeinsätzen", die Adam auch schon geflogen ist.

Rund 20 Minuten dauert unser Hüpfer zurück nach Whitehorse, genügend Zeit, um eine der fast unglaublichen Geschichten des Nordens zu hören. „Wir waren auf der Suche nach einem Mann, der verdächtigt war, einige Einbrüche und Überfälle begangen zu haben", erzählt Adam, während seine Augen

foodstuffs and other goods, at other times, fishers and hunters have to be dropped off. In the summertime tourism is booming. It is then that Adam travels over the glaciers, lakes, rivers and the infinitely expansive Yukon Territory to show visitors the beauty of the north from a bird's eye perspective. At these times traveling is also easier going and less dangerous than, for example, during the "special missions" which Adam has already flown.

Our hop-over flight back to Whitehorse took about 20 minutes, enough time to hear one of the most unbelievable stories of the north. "We were searching for a man who was suspected of committing a couple of break-ins and robberies," Adam explains, with his eyes roving over the several instrument displays in the cockpit. For a couple of minutes his attention has been mainly focused on the outside temperature display. Up to minus 35 degrees everything remains o.k. Should the temperature fall even lower, then Adam would prefer to see his "bumble

über die zahlreichen Anzeigen im Cockpit wandern. Seit einigen Minuten gilt seine Aufmerksamkeit vor allem der Anzeige für die Außentemperatur. Bis minus 35 Grad ist noch alles in Butter. Wenn die Temperatur noch tiefer fällt, sieht Adam seine „Hummel“ lieber am Boden. Bei minus 30 Grad Celsius hat sich die Anzeige inzwischen eingependelt. Alles o.k.

„Ich war damals mit einem Polizisten im Heli unterwegs. Nach einigen Tagen der Suche hatten wir den Typ im Wald entdeckt“, erzählt Adam, während wir im Landeanflug auf Whitehorse sind. „Doch noch bevor wir landen konnten, flogen uns auch schon die Kugeln um die Ohren. Das Blut spritzte durch das Cockpit, und ich machte, daß wir wegkamen. In sicherer Entfernung setzte ich auf, und wir machten Bestandsaufnahme. Eine Kugel hatte das Cockpit durchschlagen und die Glassplitter den Polizisten leicht im Gesicht verletzt“. Der Typ wurde wenig später gefaßt und verurteilt. „Schon nach knapp einem Jahr war er wieder in Freiheit, als Vietnam-Veteran war er nicht voll für seine Taten verantwortlich“, meint Adam noch mit einem leicht bitteren Unterton in der Stimme, nachdem wir sicher in Whitehorse gelandet sind.

Zum Glück sind derartige Vorkommnisse im so dünn besiedelten Yukon eine Aus-

bee" parked on the ground. The needle has settled to a steady minus 30 degrees Celsius. Everything's fine.

"I was traveling back with a policeman in the helicopter. After searching a couple of days, we discovered the guy in the woods," Adam is explaining this while we're descending into Whitehorse. "But before we could even land, bullets began whizzing past our ears. Blood sprayed through the cockpit and we made our way out of there. I docked at a safe distance and we took stock of our situation. A bullet had penetrated the cockpit and the glass splinters had wounded the policeman slightly in the face." The guy was seized shortly thereafter and sentenced to jail. "Hardly a year later he was freed; as a Vietnam veteran he wasn't totally responsible for his actions," Adam says with a slightly bitter undertone in his voice, after we had landed safely in Whitehorse.

Fortunately, these type of events tend to be the exception in this thinly populated Yukon region. As a rule cars and houses remain unlocked; the criminal rate is almost frighteningly low.

Everyone knows each other – what is there to take and where should a scoundrel then go? One street leads north, the other down south – you have to go hundreds of

nahme. Die Regel ist, daß Autos und Häuser unverschlossen bleiben, die Kriminalitätsrate fast schon erschreckend gering ist.

Man kennt sich untereinander – was gibt es schon zu holen, und wo sollte ein Schurke auch hin? Eine Straße führt nach Norden, eine andere nach Süden – hunderte von Kilometern durch die Wildnis, ehe Dörfer oder gar kleinere Städte erreicht sind. Es scheint, als ob sich der Ehrenkodex der Goldgräberzeit bis heute erhalten hätte. Schon damals konnte man seine Ausrüstungsgegenstände unbeaufsichtigt liegen lassen – mit Halunken wurde kurzer Prozeß gemacht.

Wir haben es uns inzwischen in der Bar des „Goldrush Inn" bequem gemacht. Raus aus den dicken Klamotten – Parka, Überhose, Handschuhe und Mütze über den nächsten Stuhl geworfen und ein Bier bestellt. Die Fenster sind mit dicken Eisblumen beschlagen, die Hitze treibt den Schweiß auf die Stirn, während draußen die Autos im Leerlauf und mit voller Heizkraft laufen, um die Batterie nicht absaufen zu lassen und um es nach dem Feierabenddrink auf dem Nachhauseweg warm zu haben. Im gemütlichen Saloon trifft sich halb Whitehorse.

Wir sitzen mit Doug, dem Besitzer des Hotels zusammen. Jeder kennt ihn im Yukon aber nur als „Gold Nuggie Dougie". Der

kilometers through the wilderness before reaching any villages or even any small towns. It seems as if the code of honor from gold rush times had been preserved up to this very day. Even back then you could leave pieces of equipment lying around unattended – short-hand justice was made of rascals.

We had made ourselves comfortable in the meantime in the bar of the "Goldrush Inn". Off with the thick clothing – parka, wind pants, gloves and hat were all thrown over the next chair and beer was ordered. The windows are frosted with large, flower-like ice patterns, the heat drives sweat to your forehead, while the cars outside are running in neutral and have the heat on full so that the battery doesn't die and you'll have a warm trip home after finishing your last drink. Half of Whitehorse gathers in this cozy saloon.

We are sitting together with Doug, the hotel owner. Everybody in Yukon knows him but only under his nickname "Gold Nuggie Dougie". The nickname is more than fitting. Thick gold chains with hazelnut-sized nuggets dangle from his neck, golden rings on his fingers and – of course – a mouth full of gold teeth. It sparkles and shines; Doug

Die Royal Canadian Mounted Police (RCMP) sorgt im Yukon Territory für Ordnung – der Herbie kommt allerdings nur bei besonderen Anlässen zum Einsatz

The Royal Canadian Mounted Police (RCMP) maintains order in the Yukon territory – Herbie, however, is only used for special occasions

Spitzname ist mehr als zutreffend. Dicke Goldketten mit haselnußgroßen Nuggets baumeln um seinen Hals, an den Fingern goldene Ringe und – wie könnte es anders sein – den Mund voller Goldzähne. Es funkelt und blitzt, Doug weiß, was er seinem Ruf schuldig ist. Mitten im Gespräch entschuldigt sich unser Tischnachbar und kehrt nach rund zehn Minuten schmunzelnd zurück. „Seht ihr den Typ an der Theke, den mit den zerrissenen Jeans und der speckigen Baseball-Mütze", macht er uns auf einen wild aussehenden Barbesucher aufmerksam. „Er hat gerade Gold für über 100.000 Dollar bei uns im Tresor deponiert". Die Bank ist schon geschlossen und deshalb geht man einfach ins „Goldrush Inn". Da wundert es auch nicht mehr, daß hinter der Theke eine Goldwaage steht und Goldstaub oder Nuggets als offizielles Zahlungsmittel gelten.

Begonnen hat die Gier nach dem Gold ja vor über 100 Jahren am Bonanza Creek bei Dawson City. Im Auto legen wir in ein paar Stunden auf dem verschneiten Klondike Highway eine Distanz zurück, für die die Glücksritter der Vergangenheit noch Wochen und Monate gebraucht hatten. Es herrscht kaum Verkehr. Im Winter, so scheint es, kommt das Leben zur Ruhe, nimmt noch ein paar Pulsschläge mehr zurück. Der Eispanzer hat das Land im Griff. Verzweifelt kämpft die Heizung gegen Kälte und Fahrtwind, um die Frontscheibe klar zu halten. Fast lautlos gleiten wir über die Schneedecke, im leichten Drift geht es durch die langgezogenen Kurven: Unser Fahrer ist in seinem Element. Kein Wunder, heißt er doch Walter Röhrl und ist mehrfacher Rallye-Weltmeister. Im Februar wird er den Journalisten, die während des Quests auf Einladung von FULDA im Yukon sind, einmal die Vorzüge der neuen FULDA-Winterreifen Kristall Rotego, Kristall Gravito und Kristall Iglu demonstrieren und darüber hinaus eindrucksvoll zeigen, was es heißt, mit einem Weltmeister im Auto zu sitzen.

Dafür haben wir den „Top of the World Highway" ausgesucht, der im Winter für den Verkehr gesperrt ist. Eine dicke Schneedecke blockiert dann die Weiterfahrt von Dawson City in Richtung Alaska. Auf ein paar

knows how to do his reputation justice. Our neighbor at the next table excuses himself in the middle of the conversation and comes back about ten minutes later and says with a smirk, "Do you see that guy at the bar with the ripped jeans and greasy baseball cap?," making us aware of a wild-looking bar guest. "He has just deposited over 100,000 dollars worth of gold in our safe." The bank is already closed, so you simply go to the "Goldrush Inn". You no longer wonder why a gold scale is standing behind the bar and gold dust or nuggets are the official tender used.

The greed for gold had begun over 100 years ago along Bonanza Creek near Dawson City. Traveling by car on the snowy Klondike Highway, we cover in a few hours time the distance which it had taken the fortune-seekers of the past weeks and months. There is hardly any traffic. In winter, it seems, life becomes peaceful, even another couple of pulse beats fewer. The coat of ice has the region under its complete control. The defroster is desperately battling the cold and head wind to keep the front windshield view clear. We are sailing almost silently over the blanket of snow, skidding slightly into the long, wide curves: our driver is in his element. That's no surprise, because his name is Walter Röhrl and he's the multiple rally world champion. In February he will firstly, demonstrate the advantages of the new winter tires from FULDA – the Kristall Rotego, Kristall Gravito and Kristall Iglu – to the journalists, who will be in the Yukon during the Quest upon invitation by FULDA. And secondly, he will give an impressive demonstration of what it means to sit in a car with a world champion.

For this we selected the "Top of the World Highway", which is closed to traffic in the winter. A thick blanket of snow blocks our further passage from Dawson City towards Alaska. We cleared a few kilometers-long stretch of runway on this dream street, which is one of the highlights in the summer of a trip up north. Just a twenty-centimeter-thick coat of powdery snow still remains on the gravel road. Now there is no holding Walter back. On a blocked-off stretch of road without traffic, he shows just what you can do with a car in the snow. At over 160 km/h he zooms

Walter Röhrl, mehrfacher Rallye-Weltmeister, testete die FULDA-Reifen unter extremen Bedingungen

Walter Röhrl, the multiple rally world champion, tests FULDA tires under extreme conditions

Walter Röhrl
CANADA'S YUKON

Sanft geschwungene Hügelketten kennzeichnen die Landschaft rund um Dawson City

Undulating chains of hills are characteristic of the landscape surrounding Dawson City

Kilometer Länge fräsen wir eine Piste auf dieser Traumstraße frei, die im Sommer zu den Höhepunkten einer Fahrt durch den Hohen Norden gehört. Nur noch eine rund 20 Zentimeter dicke, pulvrige Schneeschicht liegt noch auf der Schotterstrecke. Jetzt ist Walter nicht mehr zu bremsen. Auf einer gesperrten Strecke ohne Verkehr zeigt er uns, was man mit einem Auto auch auf Schnee so alles anstellen kann. Mit über 160 km/h brettert er den Highway hinunter, durch die zahlreichen Kurven geht der Wagen quer. Fast spielerisch sieht es aus, was Walter da macht. Hinter dem Steuer verschmilzt der Bayer mit dem Wagen, wird eins mit der Technik. So etwas kann man nur zum Teil lernen, vieles muß einfach angeboren sein. Ein letzter Drift, der Schnee staubt, dann kommt der Wagen zum Stehen.

Aus der Beifahrertür quält sich Dave Keenan, Tourismusminister des Yukon Territory und auch verantwortlich für die Instandhaltung der Straßen. Er scheint froh zu sein, wieder festen Boden unter den Füßen und die Testfahrt überlebt zu haben. „Jetzt weiß ich endlich, weshalb wir hier

down the highway, the car swings out diagonally in several of the curves. It almost looks playful what Walter is doing. Behind the steering wheel, the Bavarian melts with the car, becoming one with the technology. This can only be learned in part, a lot has to be innate. One last swerve to the side, which raises a cloud of snow, and the car then comes to a halt. Out of the passenger side steps Dave Keenan, tourism minister for the Yukon Territory and responsible for street maintenance. He seems happy to have solid ground below his feet and have survived the test drive. "Now I finally know why we have speed limits here," Dave seems to almost press out, while throwing his arms around Walter in stumbling. "Dangerous Dave", as he was called from this moment on, does, however, quickly recover his smile: "For you crazy Germans I will have signs put up in the future with a maximum speed limit of 30 km/h."

For our return trip to Whitehorse we choose to fly. We want to see the route on which the dog teams are racing once from above. The long trail, which is prepared and

Geschwindigkeitsbegrenzungen haben", kommt es etwas gepreßt aus Dave heraus, während er Walter um den Hals fällt. „Dangerous Dave", wie er sich von dieser Stund` an nennt, kann aber schnell wieder lachen: „Für euch crazy germans werde ich künftig Schilder mit einer Höchstgeschwindigkeit von 30 km/h aufstellen lassen".

Für die Rückkehr nach Whitehorse wählen wir das Flugzeug. Wir wollen die Strecke, auf der die Hundeteams unterwegs sind, einmal aus der Vogelperspektive sehen. Wie eine dünne Nabelschnur zieht sich die Spur, die von den zahlreichen Freiwilligen mit ihren Skidoos teilweise schon präpariert und markiert worden ist, durch die Landschaft. Meist folgt der „trail" aufgelassenen Wegen, die sich durch die Täler schlängeln. Die Einsamkeit ist grandios. Kaum vorstellbar, wie es ist, wenn man mit einem Hundeschlitten hunderte von Kilometern unterwegs ist, ohne einem Menschen zu begegnen. Es ist tatsächlich ein Abenteuer, das heute seinesgleichen sucht – das letzte echte Abenteuer – das Yukon Quest.

marked by volunteers in skidoos, spans across the landscape like a thin umbilical cord. The trail mainly follows cleared paths, which wind their way through the valleys. The solitude is splendid. Hard to imagine what it would be like to travel hundreds of kilometers with a dog sled and not meet a single person for 14 days. It is truly an adventure which seeks its present match – the last real adventure – the Yukon Quest.

ALS VOR MEINEN AUGEN WEIHNACHTSMÄNNER TANZTEN

∆ When Santa Clauses Danced Before My Eyes

[von/by Ralf Zielinski]

„So muß wohl das Gefühl sein, wenn man als einziger Mensch auf der Welt lebt …“

“This must be how it feels to be the only person alive on earth…”

Anfang März 1996, Alta, Nordnorwegen. Nach Ende der norwegischen Langdistanz-Meisterschaft „Finnmarkslöpet“ sitzen mein Freund Joni Elomaa aus Finnland, Veranstalter von Schlittenhunde-Touren, und ich zusammen mit zwei Hundegespannen und unserem finnischen Helfer Jarmu völlig übermüdet in unserem Transporter.

Wir fahren heimwärts zu Jonis Farm in Kuusamo/Nordfinnland und entwerfen Pläne für die kommende Saison. Einmal das „Yukon Quest“ fahren, wird vorgeschlagen. Wir beschließen, darüber nachzudenken.

Einige Monate später hatten wir nachgedacht und sind uns einig: Interesse, Zeit und Material sind vorhanden, also los mit den Vorbereitungen. Mit dem speziellen Langdistanz-Training der Hundegespanne beginnt Joni bereits frühzeitig im Herbst. Daneben folgen diverse Stunden der Streckenplanung, zahlreiche Telefonate und Faxe mit Alaska, Beschaffung neuer Tiefsttemperatur-Kleidung, und schon bald zeigt sich: Nicht nur das Rennen würde sehr anstrengend werden, auch der organisatorische Aufwand ist, insbesondere für uns Europäer, viel größer als zunächst erwartet.

War der Entschluß wirklich richtig gewesen? Egal, was einmal angefangen wurde, wird auch zu Ende geführt.

Mitte Januar 1997 treffen Joni Elomaa, unser Helfer Arthur Philip aus Österreich

∆ It's the beginning of March 1996, in Alta, northern Norway. My friend Joni Elomaa, a Finnish organizer of sled-dog tours, and I have just completed the “Finnmarkslöpet” Norwegian championship for long-distance racing.

We are sitting totally exhausted in our transport van with two dog teams and our Finnish assistant Jarmu. We are driving home to Joni's farm in Kuusama, northern Finland making plans for the coming season, when someone makes the suggestion that we take part in the Yukon Quest. And we decide to think about it.

A couple of months later we had thought about it and agreed: the interest, time and supplies are there, so let's start with the preparations. In the fall Joni makes an early start carrying out special long-distance training for the dog teams.

At the same time, we spend various hours planning the stretches, making several phone calls and faxing Alaska, and purchasing new low temperature clothing. Soon it becomes clear: not just the race will be demanding. Especially for us Europeans, the organizational planning will be much more time-intensive than we first expected.

Was it really the right decision? Well, what has been started must be brought to its conclusion.

Beim Packen der Futtersäcke darf nichts vergessen werden

When packing the feed bags, nothing should be forgotten

In Dawson City ist Zeit, ein richtiges Lager aufzuschlagen

It's time to pitch a real camp in Dawson City

und ich in der angemieteten Blockhütte in Two Rivers/Alaska auf der Hundefarm von Rick Swenson ein. Swenson, mehrfacher Champion des legendären „Iditarod" Schlittenhunde-Rennens sowie sein in Hundefragen ebenfalls sehr erfahrener Helfer Dave sind glücklicherweise gerade zu Hause und erweisen sich in der folgenden Zeit als hilfreiche Ratgeber in Sachen Rennstrategie und Umgang mit der nordamerikanischen Natur. Darüber hinaus liegt Rick Swensons Hundefarm nur etwa 200 Meter von der Yukon Quest-Rennstrecke entfernt, so daß wir den letzten Rennabschnitt zwischen dem Checkpoint „Angel Creek" und dem Ziel in Fairbanks bereits bei Trainingsfahrten erkunden können.

In den nächsten zwei Wochen beschaffen wir diverse Ausrüstung wie Hochleistungs-Spirituskocher, amerikanische Stirnlampen und Tieftemperatur-Schlafsäcke sowie gewaltige Mengen Hundefutter, allein für das Rennen etwa 400 Kilogramm pro Gespann. Darüber hinaus steht das zeitauf-

In the middle of January 1997, Joni Elomaa, our assistant Arthur Philip from Austria, and I meet in a rented log cabin at Rick Swenson's dog farm in Two Rivers, Alaska. Several times, Swenson has been the champion of the legendary "Iditarod" sled dog race. Swenson's assistant Dave is equally experienced in issues on dogs.

We are fortunate that they are both willing to provide tips on race strategy as well as ideas on how to get along with the North American character. Since Rick Swenson's kennel lies just 200 meters away from the Yukon Quest race course, we are also able to inspect the last race stretch between the "Angel Creek" check point and the finish line of "Fairbanks" during our training course.

Within the next two weeks we purchase various pieces of equipment, such as high-performance spirit-stoves, American headlamps, and low temperature sleeping bags. We also buy huge amounts of dog food: for

wendige Packen der Futtersäcke an, was sich als besonders nervenzermürbend erweist, da wir nichts Wichtiges vergessen dürfen: Nach Beginn des Rennens ist die Versorgung der Gespanne nämlich allein aus dem Inhalt der Futtersäcke erlaubt. Daneben müssen die Hunde trainiert werden, so daß Joni und ich bereits vor Beginn des Rennens allein durch die Vorbereitungen völlig erschöpft sind.

Da das Yukon Quest in diesem Jahr in Whitehorse beginnt, verbringen wir die letzten Tage vor dem Start in Kanada bei Zina und Esa Ekdahl, Auswanderern aus Finnland, die uns rührend bei den letzten Vorbereitungen helfen. Während Zina, als Malerin mit besonderer Sensibilität ausgestattet, unsere seelische und auch leibliche Versorgung übernimmt, informiert uns Esa, der den größten Teil seines Lebens als Trapper im Yukon Territory gearbeitet hat und selber Yukon Quest-Veteran ist, über wichtige Besonderheiten der Rennstrecke.

this race alone, about 400 kilograms per team. The time consuming packing of the feed bags must be done. It proves particularly nerve-wracking since we are not allowed to forget anything important: after the race has begun, you are only allowed to supply the team from the feed bag contents. Furthermore, the dogs have to be trained. Before the race has even begun, Joni and I are at a the point of being completely exhausted by the preparations alone.

Since the Yukon Quest begins in Whitehorse (Yukon Territory) this year, we spend the last few days before the start in Canada with Zena and Esa Ekdahl. The two Finnish emigrants help us with our final preparations in a touching manner.

Zena is a painter who is endowed with particular sensitivity; she takes care of our emotional and also bodily nourishment. Esa, who has spent the greater part of his life working as trapper in the Yukon Territory

Ein geänderter Rhythmus bringt meinen Hunden mehr Erfolg

A change in rhythm is more successful for my dog

UKON ROUTE
FULDA
WARZ. BREIT. STARK.

Mobility
YUKON QUEST
YUKON QUEST
GENE'S CHRYSLER
YUKON QUEST
yeska pipeline
FULDA
START

Am Starttag zeigt sich Whitehorse von seiner schönsten Seite: Nicht die erwarteten grausamen Temperaturen um minus 50 Grad Celsius, sondern Sonnenschein und angenehme minus 10 Grad Celsius versüßen den Beginn. Außerdem ist die ganze Stadt für das Rennen herausgeputzt, und Tausende von begeisterten Zuschauern sind unterwegs; es ist zu spüren, daß die Menschen in dieser Gegend zu Schlittenhunden, ohne die die Entwicklung dieses Landes wohl ganz anders verlaufen wäre, eine ganz besondere Beziehung haben.

Nachdem Jonis und mein Gespann mit Hundetransportern zum Startplatz gebracht worden waren, verläuft dann alles Schlag auf Schlag, Zeit nervös zu werden, gibt es keine: Hunde aus dem Transporter nehmen, Schlitten beladen, Vollständigkeit der Ausrüstung (zur Sicherheit mehrmals) checken, die Vierbeiner mit einem kleinen Energiehappen stärken, 14 Hunde mit Geschirren versehen und einspannen, dann hin zur Startlinie und – go. Dann geht es mehrere Kilometer im Galopp an vielen Zuschauern vorbei, die lautstarken Beifall spenden. Für mich als sonst eher zurückhaltenden Zeitgenossen ist dies eine ungewohnte Situation, und vermutlich wäre sie bei weniger großer Anspannung mit einigen Tränen ausgegangen, was bei „harten" Schlittenhunde-Fahrern natürlich normalerweise nicht vorkommen darf.

Schon bald nach dem Start zwinge ich dann das Gespann mit der Bremse in die Gangart Trab, um in meinen geübten Rhythmus (vier Stunden Fahrzeit, dann vier

and who is a Yukon Quest veteran himself, informs us of the important particularities of the race course.

On the opening day of the race Whitehorse is presenting its nicest side: not the expected gruesome temperatures of around minus 50 degrees Celsius. Sunshine and a pleasant minus 10 degrees Celsius sweeten the start. The entire city is spruced up for the race and thousands of excited spectators are on their way. You can feel that the people of this region have a very special relationship to sled dogs. Without them this country would surely have developed quite differently.

After Joni's and my team of dogs were transported in the dog truck to the starting line, everything proceeds very quickly. There was no time for being nervous: take the dogs out of the truck, load the sled, double-check the equipment (several times for safety's sake), strengthen the four-legged animals with a small bite of energy food, place harnesses on 14 dogs and hitch them in position, then off to the starting line and – go.

Then off they go galloping several kilometers past many spectators who are roaring with applause. For me, being an otherwise rather modestly shy man, this was an unusual situation. With a little less strained reserve, it probably would have resulted in a few tears which, of course, is usually not allowed to happen among the "tough" sled dog mushers.

RALF ZIELINSKI
nahm als 41jähriger Schlittenhundeführer 1997 am Yukon Quest teil. Der Turbinen-Ingenieur (Bild links) im Kernkraftwerk Krümmel bei Hamburg hat seine Liebe zum Schlittenhundesport vor sieben Jahren entdeckt. Drei Wochen vor Beginn des härtesten Rennens kam Zielinski nach Nordamerika. Im Gepäck: 14 Hunde seines Freundes und ebenfalls Quest-Teilnehmers Joni Elomaa. Der Mann aus Kuusamo, Nordfinnland, hatte die Tiere dem Norddeutschen ausgeliehen. In dem 28 Teams umfassenden Feld belegte Zielinski den 17. und letzten Platz.

RALF ZIELINSKI
participated as a 41-year-old sled dog driver in the Yukon Quest in 1997. The turbine engineer (picture left) in the Krümmel nuclear power plant near Hamburg discovered his love for sled dog racing seven years ago. Zielinski came to North America three weeks before the beginning of the hardest race. Packed in his baggage: 14 of his friend's Joni Elomaa's dogs. Joni is another Quest participant. This man from Kuusamo, northern Finland, had lent these dogs to the northern German man. Among the altogether 28 teams out on the field, Zielinski achieved the 17th, and last, place.

KOMMANDOS

Go Mush: *zum Start*
Allright: *Geradeaus an Kreuzungen*
Come Haw: *Wendung des Gespanns um 180 Grad nach links*
Come Gee: *Wendung des Gespanns um 180 Grad nach rechts*
Haw: *links*
Gee: *rechts*
Whoa: *anhalten*
Pfui: *etwas falsch gemacht*

In den meisten Fällen reagiert der Leithund auf die zugerufenen Befehle des Schlittenhundeführers.

Bei Mißverständnissen bremst der Musher den Schlitten und fixiert ihn mit einem Schneeanker. Dann geht der Musher zu seinem Leithund und führt ihn am Geschirr in die angegebene Richtung.

Stunden Pause) überzugehen. Die Pausen stehen hierbei für die Hunde ausschließlich zum Fressen und Schlafen zur Verfügung, während der Fahrer diese Zeit zur Vorbereitung des Futters, zum Aufräumen, zur Wartung des Schlittens, zur Standortbestimmung und weiteren Wegplanung sowie zum Wechseln der von den Hunden meistens zur Schonung der Pfoten getragenen Booties nutzen muß; zum Ausruhen bleibt ihm kaum Zeit.

Am zweiten Renntag kommt der erste Schrecken: Zehn meiner vierzehn Hunde bekommen fast gleichzeitig wie aus heiterem Himmel Durchfall, vermutlich durch eine auf dem Weg aufgenommene Virus-Infektion. Dies hat bei Schlittenhunden, im Gegensatz zu uns Menschen, nur wenig Einfluß auf den Leistungswillen, kann jedoch nach einiger Zeit aufgrund des zu großen Flüssigkeitsverlustes zu Leistungsabfall bis hin zum Zusammenbruch führen. Als Gegenmaßnahme verlängere ich in den nächsten Tagen die Pausen, verkürze die Fahrzeiten und erhöhe den Feuchtigkeitsgehalt der Futterrationen; allgemein verlege ich das Fahren mehr in die kälteren Nachtstunden. Dieses Vorgehen bewährt sich: Nach zwei bis drei Tagen haben fast alle Hunde die Erkrankung überstanden; lediglich die dreijährige Hündin „Afro“ ist zu sehr geschwächt und muß aus dem Rennen genommen werden. Obwohl ich mich permanent um die Hunde kümmern muß, kann ich unterwegs auf dem Trail die unglaublich schöne Natur bewundern. Sie ähnelt zwar meiner „Hunde-Heimat“ in Skandinavien,

Shortly after the start, I apply my brake and force the team to run at the trot pace that is our practiced rhythm (four hours racing, then four hours rest). These breaks are almost exclusively to let the dogs eat and sleep. The driver must use this time to prepare the food, clean up, do maintenance work on the sled, determine the location, make additional travel plans, and change the booties which the dogs usually wear to protect their paws. There is hardly any time for him to relax.

On the second race day, I get my first shock. Ten of my fourteen dogs almost simultaneously get diarrhea; probably from a virus infection they got on the way. Unlike us humans, this does not influence the sled dogs' will to perform; but it can lead to a decrease in performance due to the high loss of liquid and it may end up in a breakdown.

As a counter measure I extend the rest periods in the following days, shorten the racing periods and increase the liquid content of the food rations. In general, I shift the racing to the cooler hours of night. This handling proves successful: after two to three days almost all dogs have recovered from the affliction. Only the three year old female "Afro" is extremely weakened and must be taken out of the race.

Although I must constantly care for the dogs, I still have time to admire the incredibly beautiful scenery along the trail. Although it resembles my dogs' home in

jedoch ist in Nordamerika alles größer, weiter, höher und unberührter. Zwischen Whitehorse und Fairbanks allein mit einem Hundegespann unterwegs zu sein, weckt geradezu euphorische Stimmungen.

Nach etwa vier Tagen taucht ein neues Problem auf: Meine Erholungszeiten sind bei einem Pausenintervall von vier Stunden zu kurz; das Schlafdefizit wird schließlich so groß, daß ich trotz schachtelweisen Genusses von Zigaretten mehrere Male so müde werde, daß eine sichere Kontrolle des Schlittens und des Gespanns während des geplanten Fahrintervalls nicht mehr möglich ist und zusätzliche Pausen allein meinetwegen erforderlich werden. Beispielsweise stellen sich bei mir ungefähr fünf Kilometer vor dem zweiten Stützpunkt „Pelly Crossing" (Kilometer 384) schwere Halluzinationen ein, bei denen mir die roten Windschutzanzüge der Hunde als auf und ab tanzende Weihnachtsmänner erscheinen. Eine kurze Pause wird notwendig, die sich dann aber zu einem acht Stunden dauernden Tiefschlaf auswächst.

Besser wird es erst, nachdem ich auf einen Rhythmus von sechs Stunden Fahren und sechs Stunden Pause gewechselt habe; die längere Fahrzeit kann (obwohl vorher nicht geübt) von den Hunden problemlos durchgelaufen werden; für mich ergeben sich wegen der nun längeren Pausen längere und bessere Erholungsmöglichkeiten. Die Fahrt zum dritten Stützpunkt in „Dawson City" (Kilometer 760) bringt

Scandinavia, everything in North America is bigger, wider, higher and left more untouched. Traveling alone between Whitehorse and Fairbanks with a dog team engenders downright euphoric spirits.

About four days later a new problem occurs. My recovery time during the four hour break intervals is too short. My lack of sleep has become acute and I am so tired that, despite the consumption of packet upon packet of cigarettes, it is no longer possible to assume safe control over the sled and dog team during the racing intervals. Additional breaks become necessary, only on my account. Five kilometers before reaching the second check point of "Pelly Crossing" (kilometer 384) I start hallucinating: the dogs' red wind jackets appear before me as dancing Santa Clauses, rising and falling. A short break becomes necessary, but it then grows into a deep, eight hour sleep.

It gets better once I switch to a rhythm of six hours of racing and six hours of rest. The dogs run the longer duration straight through without difficulties, even though we didn't practice this way. With the longer rest periods, I find more extended and better opportunities for recovering.

The way to the third check point in "Dawson City" (kilometer 760) offers further highlights in the landscape. The trail leads up over the "Eureka Dome" and "King Solomon's Dome" mountain summits. The ascent demands a lot of physical stamina

COMMANDS

Go Mush: *To the start*
Allright: *Straight ahead at crossings*
Come Haw: *Turn the team 180 degrees to the left*
Come Gree: *Turn the team 180 degrees to the right*
Haw: *Left*
Gee: *Right*
Whoa: *Stop*
Pfui: *Something was done wrong*

In most cases the lead dog responds to the commands shouted out by the sled driver.

When misunderstandings occur, the musher stops the sled and fastens it down with a snow anchor. The musher then goes to the lead dog, takes him by the harness to lead him in the signaled direction.

Flugzeug und Hubschrauber bringen die Journalisten und Kameraleute in die besten Positionen

Planes and helicopters bring the journalists and camera crews to the best positions

dann weitere landschaftliche Höhepunkte; es geht aufwärts über die Gebirgszüge „Eureka Dome" und „King Solomon's Dome". Der Aufstieg verlangt zwar sowohl von den Hunden als auch von mir als Fahrer viel konditionellen Einsatz; als Belohnung gibt es dann jedoch, bei sonnigem, klarem Wetter, Impressionen, die nur schwer in Worte zu kleiden sind: Weitblicke in alle Richtungen auf mindestens 30 Kilometer entfernte schneebedeckte Gebirgszüge, die einzigen vernehmbaren Geräusche dabei sind die des Hundegespanns. An der wohl schönsten Stelle, am höchsten Punkt des „King Solomon's Dome", halte ich schließlich an, um den Blick im Zeitlupentempo kreisen zu lassen, um alles aufzusaugen; „So muß wohl das Gefühl sein, wenn man als einziger Mensch auf der Welt lebte", denke ich. Kaum hänge ich einige Minuten diesem Gedanken nach, höre ich plötzlich einen Hubschrauber, dessen Pilot die inzwischen vertraute und stets gut gelaunte Fernsehmannschaft auf dem Gipfel absetzt. Nach zwei Tagen ohne Kontakt zu Menschen eine willkommene Möglichkeit für mich, eine kleine Unterhaltung mit Artgenossen zu führen.

from my dogs as well as from me, the driver. The rewards for these efforts are impres-sions which are difficult to put into words. In the clear sunny weather, I am surrounded by expansive views, in all directions, of snow-covered mountain ranges, at least 30 kilometers away. The only perceptible sounds are those of the dog team. At probably the most beautiful spot, at the highest point of "King Solomon's Dome", I stop and gaze at the scene in slow motion trying to soak everything up. I am thinking: "This must be how it feels to be the only man alive on earth."

I am only buried in this thought for a few moments when I suddenly hear a helicopter. The pilot is dropping off the now familiar, always good-natured television crew on the summit. Not having had contact with people for two days, I welcome the opportunity to chat with some of my kind.

In Dawson City, the halfway point of the race, you are obliged to take a 36-hour rest stop (in this case "obligatory" and "desired" were closely related). During this period,

In Dawson City, etwa auf halber Rennstrecke, ist ein Pflichtstopp von 36 Stunden vorgeschrieben (wobei für mich in diesem Fall „Pflicht" und „Wunsch" eng beieinanderliegen), bei dem Hunde und Fahrer ausschlafen und die körpereigenen Energievorräte auffüllen können.

Ich verlasse Dawson City nach der vorgeschriebenen Zeit zwar ausgeschlafen, habe aber nicht das Gefühl, mich erholt zu haben; auch die Hunde haben trotz reichlicher Mahlzeiten kaum an Gewicht zugelegt. Es ist zu sehen, daß sie den Großteil der Fettreserven, die am Start noch vorhanden gewesen waren, aufgebraucht hatten und daß es länger als 36 Stunden brauchen würde, um sie wieder weitgehend zu ergänzen. Mir wird klar, daß ich ab sofort noch mehr Augenmerk auf den Zustand aller Hunde, auf ihren Bedarf an Futter und Pausen zu legen habe und daß hierbei keine Fehler passieren dürfen, wenn unser Gespann das Rennen durchhalten sollte. Zum Glück hatte ich alle Depotsäcke mit ausreichend Reserven an Hundefutter versehen, so daß es hieran nie mangeln würde. Der Weg zum vierten Stützpunkt „Eagle" (Kilometer 1000) führt dann durch

dogs and drivers try to become well-rested and replenish their bodies' energy reserves.

I depart from Dawson City after the prescribed period feeling rested but not as if I am fully recovered. The dogs, too, have hardly gained any weight despite the plentiful meals. You could see that they had used up most of their fat reserves; it would take more than 36 hours to restore most of them. I begin to realize that I need to pay more attention to the dogs' condition and to their food requirements.

I had supplied all of the repository bags with enough dog food reserves, so there would never be a shortfall. I also needed to take more rest periods. If I wanted the team to endure the race in good form, no errors could occur in our routine.

The way to the fourth check point "Eagle" (kilometer 1,000) passes through a region which makes my heart beat stronger: the "American Summit" mountain range. I traverse the mountains at night, with the wind blowing the snow horizontally at an estimated wind force of 10. The dogs mainly run at a 45 degree angle. For this situation I

Nur mit ausreichend langen Pausen ist das Rennen überhaupt zu bewältigen

The race can only be mastered by taking sufficiently long rest periods

Nach einer Rast, die je nach Team vier oder sechs Stunden dauern kann ...

After a rest period, which can last four to six hours depending on the team...

... sind die Hunde wieder zu neuen „Schandtaten" bereit

...the dogs are ready to launch into new "foul deeds"

eine Gegend, die mein Herz als begeisterter Starkwindsegler höher schlagen läßt: den Gebirgszug „American Summit". Ich überquere die Berge bei Nacht; der Wind bläst hier mit geschätzten zehn Windstärken den Schnee waagerecht, und die Hunde laufen meistens in 45 Grad-Schräglage. Für diese Situation setze ich meine Tiefschnee-Spezialistin „Puica" als Leithündin ein, die trotz zahlreicher Schneeverwehungen den Weg immer sicher findet.

Zum fünften Stützpunkt „Circle" (Kilometer 1256) verläuft der Weg meist über den Yukon River, der viele Abschnitte mit aufgeschobenem Brucheis, aber auch über weite Strecken Glatteis aufweist. Hier wird deutlich, daß Schlittenhunde als Anforderung für eine Teilnahme am Yukon Quest nicht nur konditionell in sehr guter Form zu sein haben, sondern auch besonders geschickt sein müssen, um Verletzungen zu vermeiden. Darüber hinaus muß der Schlitten ausreichend robust sein, um in den Eisbruchzonen keinen Totalschaden zu erleiden.

Beim Verlassen des sechsten Stützpunktes „Central" (Kilometer 1368) erwartet mich eine bei Langstreckenrennen besonders gefürchtete Situation: eine bewuchsarme Gegend mit zugeschneiten oder durch Wind zugewehten Wegen, über die bereits längere Zeit kein anderes Hundegespann mehr gefahren war. In solchen Fällen kann das Vorankommen durch tiefen Schnee anstrengend oder sogar unmöglich werden, wenn der Weg nicht mehr erkennbar ist. Mehrere Stunden mußte ich das Gespann immer wieder anhalten, um den Weg zu ertasten. Manchmal hilft es auch, sich auf den Bauch zu legen, dann erkennt man unter Umständen am Oberflächenrelief des Schnees den Trail. Schließlich erreicht mein Team mit mir einen dichter bewaldeten Abschnitt, der zum Fuß des berüchtigten Eagle Summit führt.

Der „Eagle Summit" hatte mir bereits vor dem Rennen zahlreiche schlaflose Nächte bereitet und stellt sich dann auch als Gebirgskette mit teilweise sehr steilen Glatteisabschnitten dar, über die ein nicht mehr frisches Hundegespann einen beladenen Schlitten mit hinten dran hängendem Fahrer kaum ziehen kann. Ohne Hektik

use my deep snow specialist "Puica" as lead dog. Despite the many snow drifts Puica safely always finds the way.

The trail to the fifth check point "Circle" (kilometer 1,256) is on the Yukon River. In many sections there are overlapping breaks in the ice or even long stretches with flat ice. At this point it becomes clear that the dogs not only have to be in good shape to take part in the Yukon Quest, they must also be particularly dexterous. In addition, the sled has to be robust enough to avoid being totally demolished when traveling over the ice breaking zones.

Upon leaving the sixth check point "Central" (kilometer 1,368) I encounter a situation which is particularly feared during long-distance stretches. Ahead of me lies a sparsely vegetated region with trails drifted in with snow, over which no other dog team has traveled for a long while. In such cases, when the trail is no longer discern-ible, a deep snowfall can make traveling very strenuous or even impossible. I had to spend several hours, stopping the team many times, finding my way.

Sometimes it helps to lie on your stomach and try to recognize the trail by the snow's surface relief. Finally my team and I arrive at a deeply forested area leading to the foot of the notorious Eagle Summit.

Before the race "Eagle Summit" had already given me several sleepless nights. At this moment it presents itself as a mountain range with some very steep, icy regions, which a no-longer-fresh dog team can hardly cross pulling a loaded sled with a driver hanging on the back.

I stepped into the team and wrapped a line around my stomach to act as "lead dog". We divide the stretch into about ten subsections. After each of them, we take a break to soothe the hard pumping of our blood, especially my own. When we push off after a rest period, my share of strength is needed to get the 100-kilogram sled moving.

At the seventh and last check point "Angel Creek" (kilometer 1,496), much of my nervousness has subsided. All critical

EINSPANNARTEN

Die Eskimos bervorzugen beim Einspannen die Fächerformation. Jeder Hund ist mit einer seperaten Zugleine mit dem Schlitten verbunden. Die Indianer Nordamerikas bevorzugen als Waldbewohner eine Einspannart, die Single-Tandem-Hitch genannt wird. Die Hunde laufen einzeln hintereinander. Die Nome- oder Amerikaner-Einspannung hat sich bei allen Rennen durchgesetzt. Die Hunde werden paarweise hintereinander eingespannt. Sie sind mit einer Zentralleine und einzeln davon abzweigenden Zugleinen und den Necklines (Halsleinen) mit dem Schlitten verbunden. Der Leithund ist direkt an der Zentralleine angehängt.

angegangen, erweist sich der Anstieg als zeitraubende, aber nicht problematische Prozedur: Nachdem ich selber mit einer Leine um den Bauch als „Leithund" in das Gespann eingestiegen bin, unterteile ich die Strecke in etwa zehn Abschnitte, nach denen jeweils eine Pause zur Beruhigung des Kreislaufes aller, insbesondere meines eigenen, gemacht wird.

Beim Losfahren nach einer Pause ist dann mein eigener Kraftanteil besonders gefragt, um den etwa 100 Kilogramm schweren Schlitten in Bewegung zu setzen. Im siebten und letzten Stützpunkt „Angel Creek" (Kilometer 1496) fällt dann bereits einiges an Nervosität ab, da alle kritischen Passagen des Rennens überstanden sind und der Rest der Rennstrecke weitgehend von den Trainingsfahrten vor dem Rennen bekannt ist. Die nächste Frage: Wie würde sich das Gespann in Two Rivers beim Passieren unserer Unterkunft auf Rick Swensons Hundefarm verhalten?

Die Gegend ist den Huskys von zahlreichen Trainingsfahrten vor dem Rennen bestens bekannt. Da alle Hunde aufgrund der in den letzten zwei Wochen zurückgelegten Distanz natürlich müde sind, ist es naheliegend, daß das Gespann möglichst versuchen würde, von der Rennstrecke abzubiegen und „nach Hause" zu laufen;

race passages have been passed, and the rest of the trail is already familiar from the training runs I ran before the race. My next question: how will the team behave when we pass by our lodgings at Rick Swenson's kennel in Two Rivers?

This region is very familiar to the huskies from the many training sessions before the race. Since all the dogs are tired on account of the distance covered in the last two weeks, it crosses your mind that the team may try to deviate from the race course and run "home". Having to turn the team off at this point would have led to a clear collapse of motivation.

Luckily, at this critical section, the race course bends in a slightly different direction from what the dogs were used to from their training sessions. Before the dogs even notice how close they are to their "home stall", the two paths are already behind us. The remaining hours before reaching the finishing line pass smoothly. As driver I don't have to concentrate hard: I let my thoughts roam freely and enjoy the very pleasant feeling of having accomplished something uncommon.

At the finish in Fairbanks (kilometer 1,661) I am welcomed by the church bells ringing and the cheer of the many spec-

ein in diesem Fall erforderliches Wenden des Gespanns hätte mit Sicherheit einen deutlichen Motivationseinbruch zur Folge gehabt.

Glücklicherweise ist der Rennweg im kritischen Bereich dann etwas anders geführt, als das Gespann es von den Trainingsfahrten her kennt, und ehe alle Hunde begreifen, wie nah sie eigentlich an ihrem „Heimatstall" sind, liegen die Abzweigungen auch schon hinter uns. Die letzten Stunden bis zum Ziel verlaufen reibungslos. Ich als Fahrer brauche mich nicht mehr groß zu konzentrieren, so daß ich den Gedanken freien Lauf lassen kann und das sehr angenehme Gefühl Platz ergreift, etwas Ungewöhnliches vollbracht zu haben.

Im Ziel in Fairbanks (Kilometer 1661) werde ich dann bei Kirchenglockengeläut von zahlreichen Zuschauern empfangen und erhalte als 17. und letzter Angekommener von 28 Startern den Trostpreis, von dem ich bis dato dachte, er wäre nur eine Redensart: die rote Laterne. Aber es gibt sie wirklich, und sie steht jetzt bei mir zu Hause. Übrigens: Ich werde wiederkommen.

tators. I receive the consolation prize for being the 17th and last finisher among 28 starters. It is what I had always considered just a turn of phrase, the "Red Lantern", and it is standing at home on my shelf. By the way: I'll be back.

WAYS OF HITCHING THE TEAM

Eskimos prefer hitching their teams in a fan-like formation. Each dog is connected to the sled with a separate tow line. The North American Indians, as forest dwellers, preferred the type of hitching known as the single tandem hitch in which the dogs run single file. The Nome or American hitch has become the most popular for all races. The dogs are hitched behind one another in pairs. They are bound by a central line and single tow lines and neck lines, which branch off from the main one, and connect to the sled. The lead dog is directly connected to the main line.

WILDES LAND AM YUKON

Δ *The Wilderness of the Yukon*

[von/by Thomas Jeier]

Berge, Urwälder, Meer und Eis – im Yukon präsentiert sich die Welt wie am ersten Tag nach der Schöpfung

Mountains, forests, lakes and ice – the Yukon is like the World on the first day of creation

Nach Norden und dann immer geradeaus. Über den zugefrorenen Yukon River dem Polarkreis entgegen, durch eine verschneite Wüste zum grauen Horizont. Ein verwaschener Himmel hängt über den Eisbrocken, die kalt und grün aus dem erstarrten Fluß ragen und im fahlen Sonnenlicht glänzen.

Am Ufer ächzen die Fichten unter der Last des Schnees. Ein kalter Wind weht von den Bergen herab und treibt uns Eiskristalle in die Augen.

Wir fahren durch eine Märchenlandschaft, fernab der Zivilisation, die sich hier auf wenige Siedlungen begrenzt, sind allein mit einer urwüchsigen Natur, die im Hohen Norden von Kanada immer noch unbesiegbar scheint. Wir sind wie Arktisforscher gekleidet, ein gefütterter Anorak mit eingebauter Heizung, zwei Hosen, die Unterwäsche nicht mitgerechnet, gepolsterte Stiefel, die keine Kälte durchlassen, und ein Kopfschutz: Aber minus 32 Grad Celsius sind kein Pappenstiel, und der Wind pfeift durch die Augenschlitze und läßt die Gesichtshaut erstarren. Das Eis knirscht unter den Laufbändern unserer Skidoos. Der Motorenlärm stört den Frieden des einsamen Landes, aber anders ist kein Durchkommen, es sei denn, mit einem Hundeschlitten oder auf Schneeschuhen.

Δ *Head north and straight ahead. Over the frozen Yukon river towards the Arctic Circle, through snowy wastes towards a grey horizon. A washed out sky hangs over the boulders raging cold and green from the paralyzed river, yet glowing in the weak sun.*

Along the banks, the pines groan under the weight of the snow. A bitter wind blows down from the mountains and freezes moisture to ice crystals in your eyes. We're driving through a fairy-tale landscape, far away from civilization, with nothing but a few tiny settlements dotted here and there.

We're alone in the untouched, still unconquerable, nature of northern Canada. We're dressed like polar explorers, an insulated anorak with built-in heating, two pairs of trousers (not counting underwear), padded boots which keep out the cold and special headgear. Even so, minus 32 Celsius is no joke and the wind blows through the eye slits and freezes your face.

The ice crackles under the runners of our skidoos. The engine noise destroys the peace of the lonely landscape, but there's no other way through except maybe with a dog-sled or on snow-shoes.

The snow machine bucks like a wild horse, swings and bumps over the trail. The handlebars are heated but even so your fingers get ever stiffer and the wind seems to coat your lungs with ice.

Ähnlich einem Bergsteiger, der einen Gipfel nicht auf Dauer besetzen kann, sind wir in Yukons und Alaskas Winter nur auf Zeit geduldete Kreaturen – trotz modernster Technik

Like a mountaineer who has to leave the peak again, humans are tolerated only for a time in the winters of Alaska and Yukon, despite all the modern technology

Der Motorschlitten bockt wie ein wildes Pferd, holpert und schwankt über den aufgeworfenen Trail. Die Griffe sind beheizt, aber die Finger werden immer klammer, und der eisige Wind legt sich auf die Lungen. „Bloß nicht bremsen", hat der Indianer gesagt, „bloß nicht bremsen, wenn das Eis bricht und ihr auf offenes Wasser kommt! Nur mit Vollgas schafft ihr es bis zum sicheren Ufer!" Aber das Eis bleibt fest, und wir gewöhnen uns immer besser an die lauten Schlitten.

Wir folgen dem Weg, den die Goldgräber vor 100 Jahren genommen haben, bleiben auf dem großen Fluß, der sich wie eine Lebensader durch das Yukon Territory zieht. Der Yukon ist der viertlängste Fluß von Nordamerika, mißt 3600 Kilometer von der Quelle bis zur Mündung in der Beringsee. Ein breiter Strom, der sich im Hochsommer mit einigen Stromschnellen gegen Kanu-Greenhorns wehrt, durch enge Schluchten sprudelt, um sich wenig später in weite Täler zu ergießen.

Am Ufer wohnen immer noch Indianer, die auf die jährliche Wanderung der Lachse warten und ähnlich wie vor 100 Jahren leben, aber auch Aussteiger, die der Zivilisation den Rücken gekehrt haben und die

"Just don't slow down" the Indian had said, "Just don't slow down if the ice breaks and you're on open water. Speed is your only rescue to the safety of the bank." But the ice holds and slowly we get used to handling the noisy machine.

We follow the trail taken by the gold rush stampeders 100 years before, staying on the great river that flows like an artery through the Yukon Territory. The Yukon is the fourth longest river in North America taking 3600 kilometers from its source to reach its mouth in neighbouring Alaska. A wide current which, in high summer, fights canoe greenhorns in its rapids, spills into wide valleys a few days later.

Indians still live along the banks, waiting for the annual salmon migration, still living like a century ago. Alongside them, however, have settled drop-outs who have turned their backs on civilization to experience life in the wild. Many Germans, we hear everywhere, have found a new life here. For Europeans, tired of the stress of civilization, the Yukon river has become a by-word for the Canadian wilderness, a symbol for freedom and adventure.

Ursprünglichkeit der Natur erfahren wollen. Viele Deutsche, das hören wir überall, haben hier ein neues Zuhause gefunden. Für zivilisationsmüde Mitteleuropäer ist der Yukon River der Inbegriff der kanadischen Wildnis, ein Symbol für Freiheit und Abenteuer.

„Bloß nicht langsamer werden", ruft der Indianer, „wir müssen ans andere Ufer!" Einer hinter dem anderen überqueren wir den Fluß. Wir folgen dem Indianer, der 40 Winter am Ufer des Flusses verbracht hat und sich mit dem Eis auskennt, auch dann nicht langsamer wird, wenn es unter dem Motorschlitten verdächtig knarrt. Er hat ein Gespür für Schnee und Eis, so wie das legendäre Fräulein Smilla, und weiß genau, wo die Eisdecke stark genug ist.

Draußen auf dem Fluß ist der Wind noch stärker und noch kälter, und wir bekommen immer mehr Respekt vor dieser unbezwingbaren Natur, denken an die unerschütterlichen Helden, die Jack London in seinen Romanen beschrieben hat.

Mit Schwung erklimmen wir das steile Ufer. Der Motorschlitten kippt nach hinten, dann wieder nach vorn, hängt für den Bruchteil einer Sekunde in der Luft, dann haben wir wieder festen Boden unter uns.

"Don't slow down!" shouts our Indian guide, "We have to get to the other side!" One behind the other we cross the river. We follow the Indian who has lived beside the river for 40 years and knows the ice. He won't slow down even when the ice crackles ominously under the sled. He has a feel for ice and snow, like the legendary "Fraulein Smilla" and knows exactly where the ice layer is strong enough.

Out there on the river the wind gets even stronger and colder and our respect for the unconquerable nature grows further, we think of the unshakeable heroes in the tales of Jack London.

With gusto we climb up the steep bank, the snow machine tips backwards then forwards again, hangs in the air for a fraction of a second and then makes it onto firm ground again. We speed through the powdery snow, flinging it like clouds of dust in all directions and reach the Klondike Highway in a white cloud. The engines lull then die altogether as we dismount at a lonely gas station. One shed, two pumps and a bright neon sign fighting the fog in vain.

Die Aufnahme trügt – soviel Verkehr herrscht allenfalls an Wochenenden auf den Highways rund um Fairbanks oder Anchorage in Alaska

The picture lies, only at weekends is there so much traffic on the highways around Fairbanks or Anchorage, Alaska

Wir brausen durch den tiefen Pulverschnee, der wie weißer Staub nach allen Seiten fliegt, erreichen den Klondike Highway in einer weißen Wolke. Die Motoren werden leiser und verstummen völlig, als wir vor einer einsamen Tankstelle halten und aus dem Sattel steigen. Eine Baracke, zwei Zapfsäulen, ein buntes Neonschild, das verzweifelt gegen den Nebel ankämpft.

In dem schäbigen Café, das sich an die Werkstatt anschließt, trinken wir heißen Tee. Aus dem Kofferradio, das zwischen ölverschmierten Werkzeugen steht, tönt ein Song aus den 60er Jahren. Wir treffen Bill Hakonson, sind viel zu früh, aber der alte Mann ist auch schon da und erholt sich von einem kanadischen Frühstück mit fettigen Bratkartoffeln und viel Speck. Er sieht wie ein zufriedener Rentner aus, der alles vom Leben bekommen hat, was er sich erwünscht hat, und der die Bilder seiner Enkel in der Brieftasche herumträgt. Sein wettergegerbtes Gesicht ist voller Falten, aber sein Körper ist immer noch drahtig, und seine leuchtenden Augen erzählen von dem Glück, das er gehabt hat.

Bill Hakonson ist mit seinen Eltern aus Norwegen gekommen, „aber das war schon 1924, damals war ich noch kein Jahr alt. Wir zogen nach Edmonton und dann nach Vancouver, dort fing ich als Bäcker an.“ Er lacht, als er sich an die frühen Jahre erinnert. „Mir ging es wie den Goldgräbern, die vor hundert Jahren zum Yukon kamen, ich wollte reich werden und was erleben! Ich wollte den Fluß hinauf, irgendwo in der Wildnis mein Glück machen. Selbst während des Krieges ließ mich dieser Traum nicht los. Irgendwie war er sogar schuld daran, daß ich später in Dawson City landete. Als Soldat half ich beim Bau des Alaska Highways mit. 1943 kam ich nach Whitehorse und drei Jahre später nach Dawson. Ich dachte mir, irgendwas muß doch übrig sein von dem vielen Gold, das sie hier gefunden haben, und trieb mich fast jeden Nachmittag am Klondike River ’rum. Ein paar von den Stampeders waren noch am Leben.“ So nannte man die Männer, die 1897 und 1898 zum Klondike kamen, weil die ersten Goldfunde eine wahre Völkerwanderung auslösten, wie bei einer Rinderherde, die durch ein Gewitter in Stampede versetzt wird.

We drink hot tea in the scruffy cafe next to the workshop. A radio, somewhere between the oily tools, plays a song from the sixties. We meet Bill Hakonson. Although we're much too early he's already there, recovering from a Canadian breakfast of fatty fried potatoes and stacks of bacon. He looks like a contented pensioner who has had all he ever wanted from life and carries photos of his grandchildren in his wallet. His face is weather-worn and wrinkled but his body is wiry and his bright eyes tell you all you need to know about his happy existence.

Bill Hakonson came here with his parents from Norway, "but that was 1924 and I was hardly a year old. We moved to Edmonton, then to Vancouver. That's where I started work as a baker." He laughs as he remembers the early years. "I was just like the gold-rushers who came to the Yukon a hundred years ago. I wanted to get rich and live life! I wanted to go up the river and find happiness somewhere in the wild. Even the war didn't wreck my dream, somehow it was even the reason I wound up in Dawson City. As a soldier I helped build the Alaska Highway. In 1943 I came to Whitehorse and, three years later, to Dawson. I thought there must be some of that gold left that they found around here and spent almost every afternoon somewhere on the Klondike River. A couple of the 'stampeders' were still alive. That's what they called the men who came to the Klondike in 1897 and '98. The first gold finds had caused a flood of people to move North like a herd of cattle stampeded by a storm."

The old Norwegian knows the history of the gold-rush like everyone else who has moved to Dawson City. They all wait for a new gold-rush which will start when the price of gold goes up and makes prospecting profitable again. "There's enough gold still here," says Bill Hakonson, "the stampeders only took part of the treasure."

On the 16th of August 1896 a Californian, George Carmack, and two Tagish Indians, Dawson Charlie and Skookum Jim, found the first amazing gold nuggets at Rabbit Creek, near the Klondike River. The next

Nur mit Hubschrauber oder Flugzeug sind „fast alle" Teile des Nordens überhaupt zugänglich

Large parts of the North can only be reached by plane or helicopter

Der Norweger kennt die Geschichte des großen Goldrausches, so wie jeder andere, der nach Dawson City gezogen ist, denn sie warten alle auf einen neuen Goldrausch, der dann beginnt, wenn der Goldpreis steigt, und sich der Abbau wieder lohnt. „Hier liegt immer noch genug Gold", meint Bill Hakonson, „die Stampeders haben nur einen Teil des Schatzes gehoben."

Am 16. August 1896 fanden der Kalifornier George Carmack und die beiden Tagish-Indianer Charley Dawson und Jim Skookum am Rabbit Creek nahe des Klondike Flusses die ersten beeindruckenden Gold-Nuggets. Am nächsten Tag steckten sie ihren Claim ab und nannten den Rabbit Creek in „Bonanza" um. Sie füllten ihre Rucksäcke mit Gold und verbreiteten die Kunde von ihrem sagenhaften Fund an der Küste von Alaska. Ihr Gold war 150.000 Dollar wert, damals ein Vermögen, später verdienten sie eine Million am Klondike.

Aus Alaska strömten die ersten Abenteurer zu den neuen Goldfeldern. Überall am Bonanza Creek wurden Claims abgesteckt, und Dawson City, eine hastig zusammengezimmerte Bretterbudenstadt, hatte im Frühjahr 1897 bereits 1500 Einwohner. Erst im Sommer erfuhr das restliche Amerika von den sagenhaften Goldfunden. „Gold! Gold! Gold!" titelte der „Seattle Post Intelligencer", als die „Portland" mit 5000 glücklichen Goldsuchern im Hafen anlegte. Gold im Wert von einer Million Dollar stapelte sich in den Lagerräumen. In San Francisco legte die „Excelsior" mit Gold im Wert von einer halben Million an. Die Telegrafendrähte glühten und verbreiteten die Nachricht bis zur fernen Ostküste.

The Rush was on! Die Kunde von den sagenhaften Goldfunden am Klondike löste eine wahre Völkerwanderung aus. Tausende von Goldsuchern fuhren während der Sommermonate des Jahres 1897 nach Skagway und Dyea, zwei Dörfern an der Küste von Alaska, wo der beschwerliche Weg zum Yukon seinen eigentlichen Anfang nahm. Ein Schwall von Menschen ergoß sich an Land. Pferde, Maultiere und Hunde schwammen verängstigt ans Ufer, und das Gepäck türmte sich meterhoch in dem seichten Wasser. Alles wollte noch vor dem ersten Frost über die Pässe.

day they staked their claim and re-named Rabbit Creek "Bonanza". They filled their rucksacks with gold and spread the word about their legendary find to the Alaskan coast. Their gold was worth 150,000 dollars, a true fortune in those days. Later they earned a million on the Klondike.

From Alaska the first lucky adventurers streamed to the newly discovered gold fields. Claims were staked everywhere along Bonanza Creek and Dawson City, a hastily knocked-together town of wooden shacks, counted 1500 inhabitants by the spring of 1897. It was summer of the following year before the rest of America learned of the fantastic gold finds. "Gold! Gold! Gold!" screamed the headline of the "Seattle Post Intelligencer" as the "Portland" tied up in port with 5000 happy gold-seekers aboard. A million dollars' worth of gold was stacked in its holds. The "Excelsior" arrived in San Francisco with another half million. The telegraphs hummed and spread the news to the far-off East coast.

The rush was on! The news of the finds on the Klondike started an avalanche of people. During the summer of 1897 thousands of gold rushers traveled to Skagway and Dyea, two villages on the coast of Alaska where the hard trail to the Yukon started. A storm of people poured into the country. Horses, mules and dogs swam frightened to the riverbank and baggage towered yards high in the shallow water. Everyone was anxious to get over the passes before the first frosts.

Today modern cruise ships lay anchor in the picturesque bay. Dyea has disappeared into the mud, only a small graveyard remains as a reminder of the once busy metropolis. In the winter, Skagway is a remote settlement of a few souls, but in summer the old glory returns to the gay sound of brass bands, pleasure-hungry tourists crowd Broadway and the saloons vibrate with colourful life, just like in 1897 and 1898 when Soapy Smith relieved the folk of their money and controlled just about every business in town. The saloon he lived in is still there, bent by the wind but recently restored.

DIE PFERDE STARBEN WIE MOSKITOS

„Die Pferde starben wie die Moskitos im ersten Frost und verwesten haufenweise auf dem Weg von Skagway nach Bennett.

Sie verendeten an Felsen, vergifteten sich auf dem Gipfel, verhungerten an den Seen, stürzten vom Pfad ab, wenn man ihn so nennen konnte, und zogen immer weiter.

Im Fluß ersoffen sie mit ihren Lasten oder wurden an Felsbrocken in Stücke gerissen. In Felsspalten brachen sie sich die Beine oder das Kreuz, wenn sie sich aufbäumten und unter ihren Lasten zusammenbrachen.

Sie blieben vor Angst wiehernd im Schlamm stecken und versanken im Sumpf. Und im Morast schlitzten sie sich an aufragenden Hölzern die Bäuche auf.

Männer erschossen sie, schunden sie zu Tode, und wenn sie verendet waren, kehrten sie an den Strand zurück und kauften neue. Einige gönnten ihnen nicht einmal die erlösende Kugel: Sie nahmen ihnen die Sättel ab, schlugen die Hufeisen herunter und ließen sie liegen, wo sie zusammengebrochen waren.

So waren die Männer vom Dead Horse Trail: Ihre Herzen, die nicht mehr brechen konnten, waren zu Stein geworden und sie selbst zu Tieren."

(Jack London)

Heute gehen moderne Kreuzfahrtschiffe in der malerischen Bucht vor Anker. Dyea ist im Schlamm versunken, und nur noch ein kleiner Friedhof erinnert an die einstige Metropole, und auch Skagway ist im Winter nur ein verlassenes Nest mit ein paar hundert Einwohnern, aber im Sommer zieht unter den Klängen fröhlicher Kapellen die alte Herrlichkeit ein, auf dem Broadway tummeln sich vergnügungssüchtige Touristen, und in den Saloons tobt das bunte Leben, so wie 1897 und 1898, als Soapy Smith den Leuten das Geld aus der Tasche zog und fast alle Geschäfte kontrollierte. Der Saloon, in dem er residierte, steht immer noch, ein windschiefes, mittlerweile restauriertes Gebäude.

In der Arctic Brotherhood Hall, mit Treibholz verkleidet, steht liebevoll zusammengetragenes Gerümpel aus der Goldrauschzeit, eine Goldwaage, ein Rasierstuhl, und man bleibt staunend vor der Ausrüstung stehen, die ein Goldgräber zum Yukon schleppen mußte Eine Tonne schrieb die Northwest Mounted Police vor, die Hälfte davon in Lebensmitteln, sonst war man im menschenleeren Yukon Territory verloren.

Vor allem zwei Wege führten zum Yukon. Von Skagway aus wand sich der White Pass Trail durch unwegsame Schluchten, von Dyea führte ein schmaler Pfad zum Chilkoot Pass empor. Über 30 Grad betrug die Steigung, und ständig pfiff ein schneidender Wind über die schneeverwehten Hänge. Bis zu 30 mal bezwangen die Männer den Berg, jedesmal mit über 100 Pfund Gepäck beladen, „aneinandergeschmiedet wie Galeerensklaven in einer Kette von Verdammten“ (Jack London). Einer hinter dem anderen stiegen sie die Stufen hinauf, die irgend jemand in das Eis gehauen hatte. Schwer keuchend kämpften sie gegen den Wind, das Schneetreiben und den Berg, der sich ihnen mit aller Macht entgegenzustemmen schien.

Ein Abenteuer, das auch heute noch auf Wanderer wartet, allerdings nur im Sommer, wenn der Trail eisfrei ist. Drei bis vier Tage braucht man für die 50 Kilometer zwischen dem Friedhof von Dyea und dem Lake Bennett. Auf den zerklüfteten Berghängen wird man mit einer grandiosen Aussicht belohnt.

The Arctic Brotherhood Hall, paneled with driftwood, contains lovingly collected souvenirs of the gold-rush days, a gold scale, a barber's chair. And today, visitors stare in astonishment at the equipment the stampeders had to carry to the Yukon. A ton, recommended the Northwest Mounted Police at the time, half of which was in food. Otherwise you were a lost man in the vast empty expanse of the Yukon Territory.

Two main routes led to the Yukon. From Skagway the White Pass Trail wended its way through almost impassable ravines and from Dyea a narrow path led up to the Chikoot Pass, a 30 degree gradient in continuous biting winds over the snow-covered slopes. Men conquered the steep mountain up to 30 times each, laden every time with up to 100 lbs of gear "chained together like galley slaves in the chains of the condemned." (Jack London). One after the other they climbed the steps that someone had hacked into the ice. Panting heavily, they struggled against the wind, the driving snow and the mountain which seemed to use all its force to beat them off.

Hikers can relive the adventure today but only in the summer when the ice has gone. You need three to four days to cover the 50 kilometers from the graveyard in Dyea to Lake Bennett. The reward is magnificent views from the rugged mountain slopes.

We choose the easier route as it's winter and the Dyea trail lies under a thick blanket of snow. In a four wheel drive we fight the ice on the Klondike Highway, following the path of the gold rush stampeders and the tracks of the "White Pass & Yukon Railway", built in 1900, which today still runs between Skagway and the White Pass.

It is a tourist trip which gives no clue to the extreme conditions the stampeders subjected themselves to before the railroad was built. Dead Horse Trail was the other name for the Skagway Trail where countless pack-horses fell into the deep ravines. Only when the gold-diggers reached the Yukon and could load their gear onto boats or rafts did things get marginally easier.

THE HORSES DIED LIKE MOSQUITOES

"The horses died like mosquitoes in the first frosts and rotted in heaps along the trail from Skagway to Bennett.

They perished on cliffs, were poisoned on the peaks, starved at the lakes, fell from the paths, if you could call them that, yet the men kept moving on.

In the river they drowned under their loads or were torn to shreds on boulders. They broke their legs in ravines or their backs when they tried to stand and collapsed under their burden.

They whinneyed with fear when stuck in the mud and sank in the swamps. They slit open their stomachs on branches sticking out of the marshes.

Men shot them, abused them to death and then returned to the coast to but new ones. Some would not even spare them the bullet to relieve their suffering. They took the saddle, hammered off the horseshoes and left them to die where they had fallen.

Those were the men of Dead Horse Trail: their hearts, no longer breakable, had turned to stone and they themselves into animals."

(Jack London)

Der zugefrorene Yukon – erst Anfang Mai „schüttelt" der große Fluß das Eis ab

The frozen Yukon, only in May does the river shake off its icy coat

Wir wählen den einfacheren Weg, denn es ist Winter, und der Dyea Trail liegt unter einer dicken Schneeschicht begraben. Im Geländewagen kämpfen wir uns über den vereisten Klondike Highway und den White Pass, folgen den längst verwehten Spuren der Goldsucher und den Schienen der „White Pass & Yukon Railroad", die 1900 erbaut wurde und noch heute im Sommer zwischen Skagway und dem White Pass verkehrt.

Ein touristisches Vergnügen, das wenig von den Anstrengungen ahnen läßt, die die Stampeders vor dem Bau auf sich nehmen mußten. „Weg der toten Pferde" wurde der Skagway Trail genannt, weil immer wieder Packpferde in die tiefe Schlucht stürzten. Erst wenn die Goldsucher den Yukon erreicht hatten und ihre Habe auf Boote oder Flöße laden konnten, hatte die Mühsal zunächst ein Ende.

Die Aussicht vom Klondike Highway ist atemberaubend, besonders im Winter, wenn die goldene Sonne auf die verschneiten Bergkuppen leuchtet, und rosafarbene Wolkenfetzen wie feiner Nebel über den dunklen Fichten hängen. Im Sommer lockt der türkisfarbene Emerald Lake, geheimnisvoll wie ein Smaragd leuchtet der Gletschersee in der zerklüfteten Landschaft nördlich von Carcross. Das verschlafene Nest am Highway war noch vor einigen Jahrzehnten ein bedeutendes Jagdcamp der Indianer, damals zogen riesige Karibuherden durch die tiefen Täler. Whitehorse wuchs erst während des Zweiten Weltkriegs zur Hauptstadt des

The views from the Klondike Highway are breathtaking, especially in winter when the golden sun glows on the snow-capped peaks and pale pink clouds float over the dark green pines like a fine veil of fog. In the summer the turquoise Emerald Lake entices, laying secretively like an emerald in the rugged landscape north of Carcross. A few hundred years ago the sleepy hamlet on the highway was an important hunting camp for the Indians. In those days huge herds of caribou roamed the deep valleys.

It was only during the second world war that Whitehorse grew to be the capital of the Yukon Territory when it became an important supply camp for the American soldiers building the Alaska Highway. Today the largest town in the Yukon is home to 23,000 people. After the long drive through the void expanses the town appears like a busy metropolis, the neon signs of McDonalds and Pizza Hut shine on Main Street and the souvenir shops are open even in winter.

Then the Yukon River is frozen into an icy fairytale landscape and only the wreck of the "SS Klondike" reminds you that the river will come alive again in April or May.

Even in the capital of the Yukon Territory you're reminded again of the gold rush. Sparkling lumps of gold are displayed in the MacBride Museum and the mining methods are explained on attractive posters. At Miles Canyon the towers of ice serve notice that

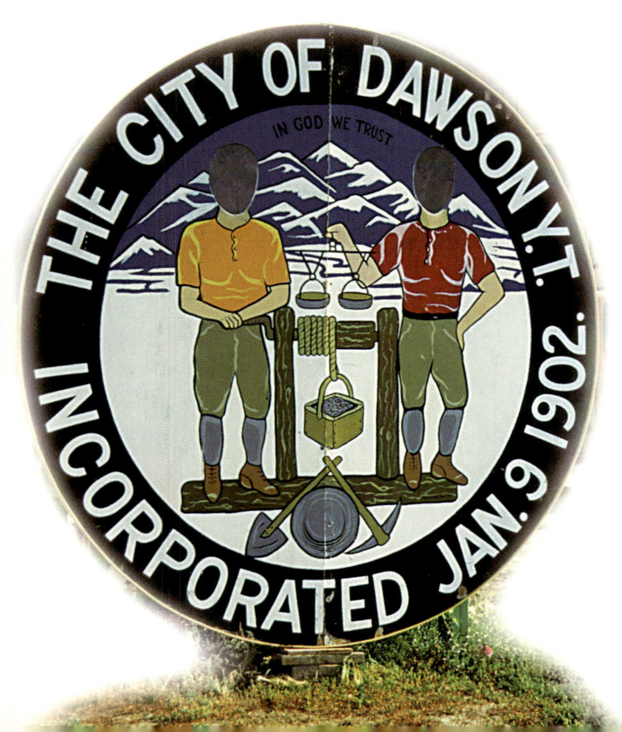

Yukon Territory heran, als sie ein wichtiges Versorgungslager für die amerikanischen Soldaten war, die den Alaska Highway bauten. Heute leben 23.000 Menschen in der größten Stadt am Yukon. Nach einer langen Fahrt durch die menschenleere Umgebung wirkt die Stadt wie eine geschäftige Metropole, an der Hauptstraße leuchten die Neonschilder vor McDonald's und Pizza Hut, und auf der Main Street haben die Andenkenläden selbst im Winter geöffnet.

Dann ist der Yukon River zu einer eisigen Märchenlandschaft erstarrt, und lediglich das Wrack der „S.S. Klondike" erinnert daran, daß der Fluß Ende April/Anfang Mai zu neuem Leben erwacht.

Der Goldrausch läßt uns auch in der Haupstadt des Yukon Territory nicht los. Im MacBride Museum liegen funkelnde Goldklumpen, werden die Abbaumethoden in anschaulichen Schaubildern erklärt, am Miles Canyon erinnern die aufgetürmten Eismassen daran, daß die Stampeders auch auf dem Yukon noch nicht gewonnen hatten. Whitehorse hat seinen Namen von den schäumenden Stromschnellen, die sich damals noch wie die wehenden Mähnen weißer Pferde durch die Schlucht zogen. Nur wenige Kilometer außerhalb der Stadt zeigt der Yukon wieder seinen ungezähmten Charakter, bleibt die Natur noch siegreich.

Über den Klondike Highway nach Norden, am Ufer des Yukon River entlang, im Winter eine einsame Straße inmitten einer unberührten Natur, im Sommer ein verlockender Trail für zivilisationsmüde Urlauber,

even the stampeders never completely conquered the Yukon.

Whitehorse got its name from the foaming rapids which, back then, gushed through the ravine like the flowing manes of white horses. Only a few kilometers out of town the Yukon again shows its untamed character. Nature remains invincible.

In winter, the Klondike Highway is a lonely road traveling through untouched nature; in summer, it is an enticing trail for vacationers – tired of civilization – to follow the tracks of the gold rush stampeders to Dawson City.

We fight against an icy wind, still in the four wheel drive, the tires digging their way through ice and snow. At a remote camp we leave the engine running, the simple thought of not being able to start it again fills us with dread. The thermometer fitted over the windshield shows a temperature outside of minus 22.

We drive over frozen Lake Laberge taking in the perfect silence. We get out, the ice crackling under our boots and a bush plane appears over the mountains. Away from the highway we realize the unbelievable vastness of the country. Over 50,000 moose and 5000 wolves inhabit a land void of people.

They hide in the forests which stretch out to the horizon on both sides of the great river. The mountains of the Miners Range reach out from the fog. The highway runs

Gold und leichte Mädchen – um diese Themen rankten sich die Thekengespräche in Dawson City vor 100 Jahren

Gold and easy girls – that was the bar talk in Dawson City a hundred years ago

die den Spuren der Stampeders nach Dawson City folgen. Uns bläst ein eisiger Wind entgegen. Wir sind immer noch im Geländewagen unterwegs, die Räder graben sich durch Eis und Schnee. Vor einem abgelegenen Camp lassen wir den Motor laufen, weil uns allein die Vorstellung, den Wagen nicht mehr in Gang zu bringen, in Angst und Schrecken versetzt. Das über der Windschutzscheibe angebrachte Thermometer zeigt eine Außentemperatur von minus 22 Grad.

Wir fahren über den zugefrorenen Lake Laberge und genießen die andächtige Stille. Wir steigen aus: Das Eis knirscht unter unseren Stiefeln, ein Buschflieger läßt sich über den Bergen blicken.

Abseits des Highways werden uns die ungeheuren Ausmaße dieses Landes bewußt. 50.000 Elche und 5000 Wölfe bevölkern das menschenleere Land.

Sie verstecken sich in den Wäldern, die auf beiden Seiten des großen Flusses bis zum fernen Horizont reichen. Die Berge der Miners Range ragen aus dem Dunst. Der Highway zieht sich wie ein endloses Band durch die Wildnis, hat scheinbar keinen Anfang und kein Ende mehr und dröhnt unter den mahlenden Rädern des Geländewagens. Immer weiter geht die Fahrt, nach Norden und immer geradeaus.

Nördlich von Carmacks, einigen Baracken am Flußufer, wird die Landschaft aufregender. Die Sonne kommt heraus, die Kontraste werden schärfer. Aus dem Yukon River erheben sich die steilen Felsen der Five Finger Rapids, für manchen Goldsucher bedeuteten diese Felsriffe das dramatische Ende seiner Reise. In den Strom-

endlessly through the wilderness, it seems to have no beginning and no end and roars under the grinding wheels of the truck . The drive goes on and on, heading north and straight ahead.

North of Carmacks, the scenery becomes more exciting. The sun comes out giving more contrast. The steep cliffs of Five Finger Rapids climb out of the Yukon, for many stampeders the dramatic end to their journey. Even the strongest boats broke up in the rapids.

We drive the snowmobiles over the river feeling the threat from the sharp rocks even now. We hear the cries of the stampeders who dared to tackle the dangerous rapids in their boats.

Pelly Crossing is a small Indian village, the road crosses the Pelly River and follows the steep bank. At Stewart Crossing an iron bridge spans the river, a favourite stop where travelers to the north in summer can restock their provisions in the gas station shop. The Moose Creek Lodge, a cosy log house beside the road, serves real Bircher muesli. The lodge is run by a family from Switzerland.

It gets even colder, the thermometer in the car now shows minus 25. The highway is covered by a thick layer of ice demanding full performance from our truck especially when the huge ore trucks bear down on us from the other direction and for seconds we vanish into a cloud of snow. The pines get smaller, are covered in snow and glow

schnellen zerbrachen selbst stabile Boote. Wir fahren auf den Snowmobiles über den Fluß, spüren die Bedrohung, die immer noch von den kantigen Felsen ausgeht, hören die Schreie der Stampeders, die sich mit ihren Booten in die gefährlichen Stromschnellen wagten.

Pelly Crossing ist ein kleines Indianerdorf, die Straße führt über den Pelly River und am Steilufer entlang. Eine eiserne Brücke spannt sich bei Stewart Crossing über den Fluß, im Sommer ein beliebter Haltepunkt für Nordlandfahrer, die sich im kleinen Laden der Tankstelle noch einmal mit Proviant versorgen. In der Moose Creek Lodge, einem gemütlichen Blockhaus am Wegesrand, wird echtes Bircher Müsli serviert, die Lodge gehört einer Familie aus der Schweiz.

Es wird immer kälter, die Temperaturanzeige im Auto steht bei minus 25 Grad Celsius. Eine dicke Eisschicht bedeckt den Highway, verlangt unserem Geländewagen alles ab, besonders wenn uns die mächtigen Erzlaster entgegenkommen und wir sekundenlang in eine Schneewolke eingehüllt sind. Die Fichten werden kleiner, sind mit Schnee bedeckt und leuchten in der Abendsonne. Wir fahren durch eine Zauberlandschaft, über einen eisigen Planeten, irgendwo und irgendwann. Einige Kilometer westlich von Minto unternehmen wir einen Abstecher zu einer verlassenen Kutschenstation. Ein eingefallenes Blockhaus inmitten der Schneewildnis, ein Überbleibsel aus der Zeit des großen Goldrausches, als fast doppelt soviel Menschen am Yukon wohnten.

in the evening sun. We drive through a magic landscape on an icy planet, somewhere, sometime.

A few kilometers west of Minto we visit a deserted coach stop, a broken-down log shack in the midst of the snowy wild, a remnant of the great gold-rush when almost twice as many people lived in the Yukon.

Dawson City, now a dreamy museum town, was once a busy boom town of over 30,000 people. A "San Francisco of the North" with fine hotels, expensive restaurants and exclusive dance halls, with hospitals, theatres and a choir. The festivities went on around the clock, the saloons and casinos never closed.

The most expensive champagne was just good enough. The laughs of millionaires drowned the weeping of the losers, who found only a few nuggets and spent their last few dollars in the saloons and dives, or lost it gambling in the arms of one of the outrageously expensive whores.

Dawson City has kept its charm, entices with an historic town centre and pastel-painted houses, lovingly restored. The "Palace Grand Theatre" was built at the turn of the century and in the post office letters are dated with a special stamp. You can still gamble in Diamond Tooth Gertie's Casino where brightly dressed Can-Can girls still swing their naked legs. On the edge of town stand the houses of two men who made the North immemorable in novels and poetry: Jack London and Robert Service.

Schaufelraddampfer im Rückspiegel – Erinnerungen an geschäftigere Zeiten im Yukon

A paddle-steamer in the rear-view mirror – memories of busier times in the Yukon

Das harte Leben spiegelt sich in den Zügen dieser Ureinwohnerin wieder

The hard life is reflected in the features of this aboriginal woman

Wer möchte nicht in einem solchen Blockhaus Weihnachten feiern

Who would not like to spend Christmas in a log cabin like this one

Dawson City, heute ein verträumtes Museumsdorf, war damals eine geschäftige Boom Town mit über 30.000 Einwohnern. Ein „San Francisco des Nordens" mit vornehmen Hotels, teuren Restaurants und exklusiven Tanzpalästen, mit Krankenhäusern, Theatern und einem Gesangverein. Tag und Nacht wurde gefeiert, die Saloons und Spielhallen hatten durchgehend geöffnet. Der teuerste Champagner war gerade gut genug. Das Lachen der Millionäre verdrängte die Tränen der Verlierer, die nur ein paar Nuggets fanden und ihr letztes Geld in den Saloons und Spelunken ausgaben oder es beim Glücksspiel in den Armen einer der sündhaft teuren Prostituierten verloren.

Dawson City hat sich seinen Charme bewahrt, lockt mit einem historischen Stadtkern und pastellfarbenen Häusern, die liebevoll restauriert wurden. Das „Palace Grand Theatre" wurde um die Jahrhundertwende gebaut, im historischen Post Office werden die Briefe mit einem Sonderstempel frankiert. Im Gambling Casino von Diamond Tooth Gertie wird noch immer gespielt, und buntgekleidete Can-Can-Girls schwingen ihre nackten Beine. Am Stadtrand stehen die Blockhäuser von zwei Männern, die den Norden in Romanen und Gedichten unsterblich gemacht haben: Jack London und Robert Service.

„In Dawson gibt es keine Verkehrsstaus", beschreibt Bill Hakonson den Charme der Goldgräberstadt, „im Sommer ist es wunderschön, und im Winter gibt es nichts zu tun." Dann fährt der Minenbesitzer nach Hawaii oder nach Europa. „Ich verdiene genug", gesteht er lächelnd, ohne eine genaue Zahl zu nennen. „Die Stampeders konnten nur 60 Prozent des Goldes aus dem Boden graben, mit den modernen Maschinen holen wir die restlichen 40 Prozent."

Mit Bulldozern wird das Land umgegraben, der goldhaltige Kies wird so lange gewaschen, bis das schwere Gold auf dem Boden der Schüttelboxen liegenbleibt. Am Prinzip der Goldwäsche hat sich nichts geändert, nur die Maschinen sind größer. „Wir schicken das Gold an die regierungseigene Münze, dort wird es gereinigt und bekommt einen Stempel." 30 Angestellte arbeiten für den Minenbesitzer.

"We don't have traffic jams in Dawson" says Bill Hakonson, describing the character of the gold rush town. "In summer it's beautiful and in winter there's nothing to do." Then the mine-owner goes to Hawaii or Europe. "I earn enough," he admits, laughing, without naming how much. "The gold-diggers could only get about 60 percent of the gold out of the ground. We use modern machines to get the other 40 percent."

Bulldozers turn over the land. The gold-bearing gravel is washed until the heavy gold lies at the bottom of the shakers. In principle gold is still washed in the same way, just the machines are bigger. "We send the gold to the government mint, there it is purified and stamped." The mine-owner employs 30 workers.

Bill Hakonson washed out his first nugget in a pan from the Eldorado Creek during the summer of 1947, just like the gold-diggers a hundred years ago. The valuable nugget hangs on a chain around his neck. "The business is not as easy as you think" he explains. "Today you need 100,000 dollars to explore a claim and the machines cost the same amount again, if you buy them used. But if you understand gold you get your money back."

He won't move to Hawaii though. "Much too hot," he groans, "I can't stand it there longer than three weeks." He can play golf, his second passion, in Dawson City too: he built the only golf course in town, the "Top of the World Golf Course", on the banks of the Yukon. "Nine holes with all the bells and whistles!"

It's night and we're back on the skidoos along the Bonanza Creek road under a starry heaven. The engines roar in the cold air. The little thermometers on our anoraks show minus 40 but the icy cold hardly bothers us any more. The headlights dance over the snowy trail and the whipped-up snow gleams like liquid silver in the artificial light.

On the banks of Bonanza Creek we stop the engines beside a plaque which marks the first gold find on the Klondike. We enjoy

Geheimnisvolles Nordlicht flackert in zarten Zügen über den Himmel

Secretive Northern Lights flimmer in soft patterns across the sky

Seinen ersten Nugget hat Bill Hakonson im Sommer 1947 mit einer Pfanne aus dem Eldorado Creek gewaschen, so wie die Goldsucher vor 100 Jahren. Der wertvolle Goldklumpen hängt an einer Kette um seinen Hals. „Das Geschäft ist nicht so einfach, wie ihr denkt", erklärt er, „heute braucht man 100.000 Dollar, um einen Claim zu erforschen, und die Maschinen kosten noch mal soviel, wenn man sie gebraucht kauft. Aber wer etwas von Gold versteht, kommt auf seine Kosten." Nach Hawaii will er aber nicht ziehen. „Viel zu warm", stöhnt er, „länger als drei Wochen halte ich es dort nicht aus."

Nachts sind wir wieder mit den Skidoos unterwegs, auf der Bonanza Creek Road unter einem sternenklaren Himmel. Die Motoren dröhnen in der kalten Luft. Das kleine Thermometer an unserem Anorak zeigt minus 40 Grad Celsius, aber die eisige Kälte macht uns kaum noch etwas aus. Die Scheinwerfer tanzen über den verschneiten Trail, und der aufgewühlte Schnee glitzert wie flüssiges Silber im künstlichen Licht. Am Ufer des Bonanza Creek, an der Gedenktafel, die den ersten Goldfund am Klondike markiert, stellen wir die Motoren ab. Wir genießen die andächtige Stille und sehen die Schatten von drei Männern, die einen riesigen Goldklumpen aus dem Kies graben. Geheimnisvolles Nordlicht flackert in zarten Mustern über den Himmel, wärmt unsere Seelen und verzaubert die erstarrte Wildnis am Yukon River.

the silence and see the shadows of three men digging a huge lump of gold out of the gravel. The secretive Northern Lights glimmer in soft patterns across the sky, warm our souls and turn the frozen wilderness of the Yukon to magic.

Gut beschirmt lassen sich auch Regentage verschlafen

If you're under cover you can sleep off the rainy days

FREIHEIT IST BALSAM FÜR DIE SEELE

Δ Freedom is Balm for the Soul

[von/by Holger Bergold]

Hardy Krüger drehte im Yukon eine Folge für seine Fernsehserie „Weltenbummler“

Hardy Krüger filmed an episode for his television series “Weltenbummler” in the Yukon

Hardy Krügers Blicke waren wie magisch auf die große Weltkarte an der Kabinenvorderseite des Flugzeugs gerichtet, das den Weltenbummler nach Dubai, Arabische Emirate, bringen sollte. Und plötzlich sagte er zu mir: „Du, weißt Du, wo ich schon immer mal hinwollte, wovon ich schon als kleiner Junge geträumt hab'?“ Und bevor ich überhaupt eine Mutmaßung äußern konnte, fuhr er fort: „An die Wasser des Yukon.“ Er muß wohl meinen fragenden Blick gesehen haben, denn er erläuterte gleich darauf: „Das Yukon Territory, der nordwestlichste Teil Kanadas, an Alaska und das Polarmeer grenzend, Klondike, Goldrausch, Dawson City, das kennst Du doch?“ – Natürlich kannte ich es, jedoch nur aus den Abenteuerromanen Jack Londons und aus Reiseschilderungen einiger touristischer Fachzeitschriften.

Genau drei Monate später stand das gesamte Team mit großen Rucksäcken, Reisetaschen und dem gesamten Kameragepäck in gespannter Erwartung an den Schaltern der Canadian Airlines, um für den Flug via Vancouver nach Whitehorse, der Hauptstadt des Yukon, einzuchecken.

Δ Hardy Krüger's eyes were drawn as if by magic to the large map of the world on the front cabin bulkhead of the plane. The Globetrotter crew was air bound, on its way to Dubai in the United Arab Emirates. He suddenly said to me, “Hey, do you know where I've always wanted to go, where I always dreamed of as a small boy?” And before I could venture a guess, he went on, “To the waters of the Yukon.” He must have seen my questioning glance, for he went on to explain: “The Yukon Territory, the most north-westerly part of Canada, bordering on Alaska and the Arctic Ocean. Klondike, Gold Rush, Dawson City, you know?”

Of course I knew, but only from the adventure romances of Jack London and from travel reports in some tourism periodicals.

Exactly three months later, the whole team, with huge backpacks, holdalls and the entire camera package, was standing and waiting expectantly at the Canadian Airlines desk. We were checking in for the flight via Vancouver to Whitehorse, the capital of the Yukon.

The flight carried us over the gigantic glaciers of the grandiose Coast Range, which extends all the way to Alaska. We were

Während im September sich die Natur in einen wahren Farbenrausch steigert …

While, in September, Nature erupts in a veritable fever of colour,...

Bewohner steiler Felsklippen – die Schneeziege

At home on steep cliffs – the snow goat

Der Flug führte schließlich über die grandiosen Coast Ranges mit ihrer gigantischen bis nach Alaska hinaufreichenden Gletscherwelt, und wir erahnten, was uns erwartete: die unendlichen Weiten dieses Teiles der Erde, einsame, abgelegene Landschaften, ungezähmte Natur, in der der Mensch auch heute noch die kleinste Rolle spielt.

Leichter Nebel lag noch über dem großen Hotelparkplatz des „Yukon Inn“, als wir am nächsten Morgen in unseren komfortablen Motorhomes zum „Yukon-Loop“ – so nannten wir die Rundreise, die uns inklusive eines kleinen Abstechers nach Alaska durch das gesamte Land führen sollte – starteten. Tags zuvor hatten wir die für europäische Verhältnisse riesigen und hervorragend motorisierten Wohnmobile samt Kanus und Angelausrüstungen übernommen und damit die erste, positive Überraschung erlebt. Die Ausstattung ähnelte weit mehr dem Komfort einer Ferienwohnung denn der eines Campers. Nicht nur die bequemen Betten, der gemütliche Wohnbereich und die separaten Räume für WC und Dusche, sondern auch die hochmoderne Küche, in der von der Mikrowelle über den 4-Flammenherd samt Backofen bis zum Kühl- und Gefrierschrank alles vorhanden war, beeindruckten uns sehr. Dementsprechend hatten wir auch im größten Supermarkt von Whitehorse, „Extra Foods“ (wo zu unserem Erstaunen wirklich alles angeboten wird, was man sich denken

getting an idea of what was awaiting us: the endless distances on this continent, lonely, remote landscapes, untamed nature, in which humans play a very minor role.

The next morning, a light mist still lay over the large parking lot of the "Yukon Inn." In our comfortable motor homes, we were off on the "Yukon Loop", as we named the round trip, which would lead us through the whole country, including a short detour to Alaska. Days earlier we had experienced our first positive surprise when we had taken possession of the motor homes and found that they were huge, superbly powered and equipped with canoes and angling gear.

Their furnishings resembled the comfort of a holiday apartment rather than that of a motor home. Not only the comfortable beds, cosy living area and separate rooms for WC and shower made a great impression; but also the extremely modern kitchen, in which there was everything from a microwave, four-hotplate stove, oven, refrigerator and freezer.

Accordingly, we had also stockpiled provisions, in adequate quantities, from Whitehorse's largest supermarket, "Extra Foods" (where, to our astonishment, everything imaginable was available). And, naturally, a few bottles of Californian and Canadian wine plus an ample supply of beer from the

kann), Lebensmittelvorräte in ausreichender Menge „gebunkert". Und selbstverständlich durften auch einige Flaschen kalifornischen und kanadischen Weines sowie eine ausreichende Menge Bier aus dem benachbarten Liquor-Store nicht fehlen.

Zunächst ging es auf dem bekannten Alaska-Highway, der hier breit ausgebaut und geteert ist, etwa 80 Kilometer zur Tagish Road Junction nach Süden. Dort bogen wir in eine 100 Kilometer lange Sackgasse ein, an deren Ende unser Tagesziel, das legendäre Atlin, lag.

Schon nach wenigen Metern auf der Atlin Road wußten wir, was das Verkehrsschild „graveled road" bedeutete: Schotterstraße, an manchen Stellen mit Schlaglöchern übersät, an anderen so glatt wie Asphalt gefahren. Und zum ersten Mal spürten wir die Wildnis, das weite, ursprüngliche Land mit seinen riesigen Entfernungen, den Hauch von Abenteuer und die goldene Schönheit des Indian Summer. Denn in den folgenden zwei Stunden begegneten uns kaum eine Handvoll Autos. Die häufig von blühendem rosafarbenem „fireweed" (ein schmalblättriges Weideröschen) gesäumte Straße führte an klaren Seen vorbei, durch unberührte, endlose, in gelben, braunen und rostroten Farben leuchtende Wälder. Als wir schließlich eine letzte Anhöhe erreicht hatten, blickten wir auf Atlin, der einzigen Ansiedlung an dem vom Llewellyn-Gletscher gespeisten, kristallklaren, 145 Kilometer langen gleichnamigen See, in

neighboring liquor store were not forgotten. Our route started on the well-known Alaska Highway, which is wide and paved here. We traveled about 80 kilometers south to the Tagish Road Junction. There, we turned onto a 100 kilometer long cul-de-sac, which ended at our destination for the day, the legendary town of Atlin.

After just a few metres we found out what the traffic sign "Gravel Road" meant: a grit and rubble track, in some places full of potholes, in others rolled as smooth as asphalt. And, for the first time, we sensed the wilderness, that vast, primaeval land with its enormous distances, its whiff of adventure made radiant by the golden beauty of the Indian summer. In the following two hours, we saw hardly a handful of cars.

The road, often fringed with blossoming pink "fireweed" (a narrow leafed wildflower) led past clear lakes and through unspoiled, endless forests glowing in tones of yellow, brown and rust. As we at last reached a final hill, we looked down on Atlin, the only human settlement on Atlin Lake. Atlin's Indian name comes from the Tlingits and means "Great Water". The 145-kilometer-long lake is fed by the massive glaciers of the Juneau Icefield; its crystal clear waters reflect the snow-covered peaks of the Coast Range, the blue sky, and the golden forests surrounding it. An enchanted spot, bedded in a picture book landscape, at the

... herrschen im Winter kalte abweisende Farben vo

...in winter, cold, uninviting colours dominate

DANGER
PRIVATE RAILWAY PROPERTY
PERSONS CROSSING HERE
DO SO AT THEIR OWN RISK

dem sich die gegenüberliegenden, schneebedeckten Gipfel der Küstenberge, der blaue Himmel und die goldenen Wälder spiegelten. Ein paradiesisches Fleckchen Erde, eingebettet in eine Bilderbuchlandschaft, in dessen Zentrum sich die Teresa-Insel mit dem 2060 Meter hohen Birch Mountain präsentiert – dem höchsten auf einer Süßwasser-Insel befindlichen Berg der Welt. Wir fuhren in das kleine, 1898 nach Goldfunden gegründete Atlin hinein. Neben kunstvoll restaurierten Häusern und Geschäften aus der Gründerzeit des „Juwels des Nordens" standen ebenso viele alte Blockhütten und Holzhäuser, halb verfallen, unbewohnt.

Unten am Landungssteg, wo ein Schild die auslaufenden Boote vor startenden und landenden Wasserflugzeugen warnt, verabredeten wir eine Angelfahrt auf dem Atlin-Lake, dessen indianischer Name von den Tlingits stammt und soviel wie „das große Wasser" bedeutet. Das kleine Kajütenboot tuckerte mit uns quer über den See und trieb dann, in einer unbeschreiblichen Ruhe, nur unterbrochen vom Surren der Angelruten, vorbei an kleinen Felseninseln. Auf den wenigen Bäumen dieser Inseln nisteten Weißkopf-Seeadler, und im klaren Wasser des Atlin-Lake konnten wir die Lachsforellen mit bloßem Auge schwimmen sehen. Natur pur – für uns bisher unvorstellbar. Und daß wir – Greenhorns in Sachen Angeln – die ersten selbst gefangenen Forellen abends im Wohnmobil mit Hochgenuß verspeisten, verstand sich von selbst. An vielen der kommenden Abende stand Fisch, eine Angellizenz kostet nur knapp 20 Dollar und ist in vielen Läden zu erwerben, auf unserer Speisekarte.

Am nächsten Morgen ging es wieder zurück nach Norden über die Tagish Road Richtung Carcross. Wir diskutierten gerade, ob wir außer dem Abstecher zur kleinsten Wüste der Welt auch noch den sagenhaften, meist smaragdgrün leuchtenden Emerald Lake besichtigen wollten, als Hardy nach einer langgezogenen Kurve plötzlich scharf bremste. Vor uns, kaum dreißig Meter entfernt, trollte sich ein ansehnlicher Schwarzbär aus dem Gebüsch auf die Straße und schaute sich behäbig nach unseren Motorhomes um. Als ein Motor aufheulte, verschwand der Bär mit

centre of which rises Teresa Island with its 2060 metre high Birch Mountain, the highest mountain on a fresh water island in the world.

We drove into the small town of Atlin, which was founded in 1898 after gold was found here. Beside the artistically restored houses and shops from the founding years of this "jewel of the north", stood just as many old log cabins and timber houses, tumbling down and uninhabited.

Below on the boat launch, where a sign warns outward bound boats of float planes landing and taking off, we arranged a fishing trip on the lake. We chugged across the water in the small cabin cruiser, then drifted in an indescribable silence, broken only by the whirr of the fishing lines, past small rocky islands. In the few trees on these islands nested bald eagles and, below us, in the clear waters of Atlin Lake, we could see lake trout swimming.

Pure nature – unimaginable for us before this moment. And, naturally, that evening in our motor home, we angling greenhorns dined with great relish on the first trout caught from our hooks. Many of the evenings to come were to have fish on the menu. An angling licence costs less than fifty dollars and can be obtained in many shops.

Next morning we traveled back north, over the Tagish Road towards Carcross. We were just discussing whether, after an excursion to the smallest desert in the world, we also wanted to see the legendary, green-glowing Emerald Lake, when, after a long bend, Hardy suddenly trod on the brakes. In front of us, barely thirty metres away, a respectably-sized brown bear ambled out of the bushes and calmly turned to look at our motor homes. When a motor revved up, the bear vanished with unexpected agility into the brush. Shortly afterwards, we passed the Indian settlement on the Tagish River and, half an hour later, we reached Carcross, in fact Caribou Crossing, a former Indian caribou hunting ground.

For the "stampeders", as the many thousands of gold rush adventurers from a hundred years ago were known, this place

SAUERTEIG UND GREENHORN

Sauerteig war für die alten Alaska- und Yukon-Pioniere so etwas wie das Bier für die Bayern: eine Art Grundnahrungsmittel.

In Kesseln hing der Sauerteig über den Holzöfen, und man hielt ein wachsames Auge auf ihn, denn der Teig wurde nie vollständig aufgegessen, ein kleiner Rest der Hefezellen bildete den Grundstock für das Brot von morgen.

Mit dem Sauerteig, die deutsche Übersetzung von Sourdough, hat es aber auch noch eine andere Bewandtnis: Sourdough werden alle jene genannt, die den Überlebenskampf in der harten kanadischen Wildnis bestanden haben.

Der krasse Gegensatz zum Sourdough ist der Cheechako, der Yukon-Neuling, das Wildnis-Greenhorn. Um die Verwandlung vom Cheechako zum Sourdough zu schaffen, gibt es nur ein Mittel: Der Neuling muß im Herbst sehen, wie die Flüsse zufrieren, und im Frühling das Brechen des Flußeises miterleben.

Nur wer den harten kanadischen Winter hinter sich gebracht hat, ist würdig für den Sauerteig-Orden.

Überbleibsel aus Tagen der Hoffnung auf Reichtum und Glück – alte Goldgräberhütte im Yukon

Remnant of the days of hope for wealth and happiness – old gold-digger cabins in the Yukon

ungeahnter Behendigkeit im Unterholz. Kurz darauf passierten wir die Indianersiedlung am Tagish River, eine halbe Stunde später erreichten wir Carcross, eigentlich Caribou Crossing, ein einstiger Karibu-Jagdplatz der Indianer.

Für die Stampeders – so nannte man die vielen tausend Abenteurer, die nach dem Bekanntwerden der Goldfunde am Klondike sich einen Weg durch die Wildnis dorthin suchten – war dieser Ort vor 100 Jahren die erste Zuflucht im kanadischen Yukon gewesen. Noch war das Land nur von Indianern besiedelt und nur einigen wenigen Missionaren bekannt, die mit den Händlern der Hudson Bay Company in diese verlassene Ecke der Welt gekommen waren. So waren die Stampeders gezwungen, zunächst mit dem Schiff über die Pazifikpassage ins alaskanische Skagway zu kommen, dort Vorräte für ein Jahr zu kaufen, um diese unter schwierigsten Bedingungen über den White-Pass oder den kürzeren Chilkoot-Trail zu bringen. Oben auf dessen Paßhöhe, am Ende dieser „Stairways to Heaven", hatten die kanadischen Polizisten, die Royal Canadian Mounted Police, gestanden, die

had been one of the first landmarks in the Canadian Yukon. At that time, this remote corner of the earth was only known to a few missionaries and Hudson Bay Company traders, as well as the Indians who had inhabited it for eons. The stampeders were forced to take a ship through the Inside Passage to Skagway in Alaska, there to unload their provisions for a year and to transport these, under the most difficult conditions, over the White Pass or the shorter Chilkoot Trail.

Up on the pass, at the end of this "Golden Stairway", waited the Mounties, the Royal Canadian Mounted Police, who checked the gold seekers and their provisions thoroughly before they were allowed to continue on their way down to Lake Bennett. Down below, in Bennett, in a tent town housing, at times, up to 30 000 inhabitants, they built rafts and boats to get to Dawson City, 600 kilometers away, to the gold.

However, the hardships undertaken in the gold rush did not pay off for most of them. They were defeated by the Yukon or

vor dem weiteren Weg hinab an den Lake Bennett die Goldsucher und ihre Vorräte genau kontrolliert hatten. Dort unten in Carcross, in einer Zeltlager-Stadt, die teilweise bis zu 30.000 Einwohner umfaßte, hatte man Flöße und Boote gebaut, um auf dem Yukon in das 600 Kilometer entfernte Dawson zum Gold zu gelangen. Die Anstrengungen, die im Goldrausch unternommen wurden, hatten sich für die allermeisten jedoch nicht ausgezahlt.

Sie waren am Yukon oder an den Unbilden der Natur gescheitert: der langen, dunklen Winterzeit mit Temperaturen von minus 40 Grad und tiefer oder an den sumpfähnlichen Zuständen des kurzen arktischen Sommers, ungeschützt gegen die in Schwärmen auftretenden Moskitos. Doch die wenigen, die es geschafft hatten, die ersten Siedler am Yukon, waren weitgehend unter sich geblieben.

Die Nachfahren einiger davon leben heute noch in Carcross, wo das „Caribou Hotel" und der „Matthew Watson General Store" auch nach fast 100 Jahren noch betrieben werden – im damaligen „Outfit" natürlich.

by the harshness of its nature. If it wasn't the long, cold winter, with temperatures of minus 40 degrees and below, then it was the swampy conditions in the short arctic summer, with no protection against the swarms of mosquitoes, that made them turn back. But the few who made it, the first settlers of the Yukon, largely stayed together.

The descendants of some of them still live in Carcross today, where the "Caribou Hotel" and the "Matthew Watson General Store" are still running, even after a 100 years .

As time was passing, we decided to look for a pleasant spot for the night. Hardy had noticed such a spot near Tagish. This was to be our destination for the day. From the Tagish Bridge, we saw the campground lying picturesquely in a mixed forest in the evening sun and looked forward to the barbecue on the banks of the lake. Apart from us, there were only two other campers on the huge site, where even the large number of toilets was excellently maintained. And

„Der Braunbär (ursus arctos horribilis) oder Grizzly schüttelt dich vom Baum – der Schwarzbär klettert hinterher ..."

"The brown bear (ursus arctos horribilis) or grizzly shakes you out of a tree, the black bear climbs after you..."

Fische satt – der Lachs- und Forellenreichtum verschlägt vielen Besuchern die Sprache

Full of fish – the abundance of salmon and trout leaves many a visitor speechless

Da der Tag schon fortgeschritten war, beschlossen wir, nach einem angenehmen Platz für die Nacht zu suchen. Hardy war solch ein Platz bei Tagish aufgefallen. Er sollte an diesem Tag unser Ziel sein. Schon von der Tagish Bridge aus sahen wir den malerisch in einem Mischwald gelegenen Campground in der Abendsonne liegen und freuten uns auf das Grillfeuer am Seeufer. Außer uns waren nur noch zwei andere Camper auf dem riesigen Areal, auf dem selbst die zahlreich vorhandenen einfachen Toiletten hervorragend gepflegt waren. Und auch das Holz zum Feuermachen lag vorbereitet an Ort und Stelle. Schon kurz darauf brieten wir uns Steaks und fühlten uns wie richtige Trapper.

Daß wir ähnliche Gefühle in den kommenden Tagen in der Wildnis Kanadas häufig erleben durften, hatten wir nicht gedacht: Wenn wir etwa in unserem Kanu in einem der Millionen Seen fischten, Seen, mit glasklarem sauberem Wasser, die allesamt einen Artenreichtum aufweisen, den es auf dem europäischen Kontinent praktisch nirgends mehr gibt: Lachse, Forellen, Arctic Grailings, Hechte, Whitefish, um nur die bekanntesten zu nennen.

Oder wenn wir in der Dämmerung mit dem lautlos durch das Wasser gleitenden Kanu das eindrucksvolle Tierleben an den Ufern der Seen und Flüsse genossen. Obwohl wir nur wenige Tage das Land bereisten, sahen wir bei solchen Gelegenheiten in

even the wood to make a fire was lying waiting where it was needed. Shortly afterwards, we were frying steaks and feeling like real trappers.

In our days to come in the Canadian wilderness, we did not think that we would often experience as wonderful a feeling. As when we were fishing from our canoe, for example, in one of the millions of lakes filled with glass-clear, clean water. Here we would find an abundance of species which no longer exists anywhere in the continent of Europe: salmon, trout, arctic grayling, pike, and whitefish, to mention only the most familiar.

Or when, silently gliding through the water in our canoe at twilight, we enjoyed the remarkable animal life on the banks of the lakes and rivers. Although we were only traveling around the country for a few days, there were occasions when we saw wild otters, beavers with their dams and lodges, foxes, lynx and bald eagle.

In the following days, we drove far up into the north, on the most famous road in North America, the Alaska Highway. In total 2233 kilometers long, it cuts across 1000 kilometers of the Yukon Territory. Constructed in 1942 in only eight months, it is one of the great dream roads of the world. On the Alaska Highway, we learnt the meaning of

Landschaft pur – an die Einsamkeit muß sich der hektische Mitteleuropäer erst einmal gewöhnen

Landscape pure – the hectic central European first has to get used to the solitude

Das Wasserflugzeug ist im Norden ein unentbehrliches Transportmittel

The seaplane is an indispensable means of transport in the north

Weltenbummler und Yukon-Fan: der Schauspieler Hardy Krüger

Globetrotter and Yukon fan: The actor Hardy Krüger

freier Wildbahn Fischotter, Biber mit ihren Dämmen und Burgen, Füchse, Luchse und Weißkopf-Seeadler.

In den nächsten Tagen ging es weit in den Norden: auf der bekanntesten Straße Nordamerikas, dem Alaska-Highway. Er führt – insgesamt 2233 Kilometer lang – auf einem 1000-Kilometer-Abschnitt durch das Yukon Territory. 1942 in nur acht Monaten gebaut, zählt er zu den großen Traumstraßen der Welt. Auf dem Alaska-Highway lernten wir den Begriff von Weite kennen, eine tiefe, sinnliche Erfahrung für einen Mitteleuropäer: Lenkten wir unseren Blick von der geschotterten oder asphaltierten Straße etwas weiter gegen den Horizont, sah man außer dem sich kilometerlang geradeaus über die Landschaft legenden Straßenband nichts als goldenen Herbstwald, unermeßlich groß, unnahbar. In solchen Augenblicken wurde uns deutlich, daß diese Freiheit Balsam für die Seele ist, und wir begriffen, warum die Yukoner so freundliche, gelassene und tolerante Menschen sind.

Wir folgten dem Alaska-Highway zunächst bis Haines Junction (Kilometer 1635), einem kleinen Ort am Rande des Kluane National Parks, der an der Einmündung der von Südwesten kommenden Haines-Road in den Alaska-Highway entstanden ist. Dort charterte unser lokaler Guide, Rob Toohey, für unser Team ein einmotoriges Wasserflugzeug und einen Hub-

distance, a deep, sensual experience for a central European. If we raised our gaze slightly from the gravel or asphalt road to the horizon, apart from the kilometer long strip of the road lying across the landscape, there was nothing to see but golden autumnal forests, immeasurable in extent, and unapproachable. At such moments it was clear to us that this freedom is balm for the soul and we understood why Yukoners are such friendly, relaxed and tolerant people.

First, we followed the Alaska Highway as far as Haines Junction (kilometer 1635), a small town on the edge of Kluane National Park. Haines Junction is situated where the Haines Road from the southwest joins the Alaska Highway.

There, our local guide, Rob Toohey, chartered a single-engine floatplane and a helicopter for our team. We wanted to see and film this magnificent nature reserve from a birds-eye perspective.

The impressions were grandiose: the mountain range in the interior of this national park, which contains Canada's highest mountain, 6050-metre Mount Logan, presented itself under a cloudless sky in an incredible scenery of eternal snow and ice. We saw the world's largest ice field, with glaciers up to 112 kilometers long in places, and up to 1.6 kilometers thick. And all this

schrauber, denn wir wollten diesen herrlichen Naturpark aus der Vogelperspektive sehen und filmen. Die Eindrücke waren grandios: Das Gebirge im Inneren dieses Nationalparks mit dem höchsten Berg Kanadas, dem 5951 Meter hohen Mount Logan, präsentierte sich unter wolkenlosem Himmel mit ewigem Schnee und Eis in einer unglaublichen Kulisse. Wir sahen die größten nichtpolaren Gletscherfelder der Welt mit Gletschern, die bis zu 112 Kilometer lang und teilweise bis zu 1,6 Kilometer dick sind. Und umgeben war das Ganze von einem in den herrlichsten Herbstfarben leuchtenden Waldgürtel. An diesem Abend haben wir zum ersten Mal über eine Lebensqualität diskutiert, die es in unserem Europa nicht mehr gibt.

Und weiter ging es dem Polarkreis zu, vorbei am Kluane-Lake, an Burwash Landing hinauf zur kanadischen Grenze bei Beaver-Creek. Nach stundenlanger Fahrt auf der Schotterstraße, die sich in ungezählten Windungen durch ständig wechselnde Landschaften mit großartigen Ausblicken schlängelte, erreichten wir die nächste Ansiedlung: Chicken, ein Nest, typisch für alle amerikanischen und kanadischen Ansiedlungen in diesen Breitengraden, die sich bereits Kilometer vorher durch rechts und links der Straße auftauchende Schilder ankündigen.

Da es schon drei Uhr nachmittags war, drängte die Zeit. Wir wollten an diesem Tag

surrounded by a belt of woods glowing in the most glorious autumn colours. That evening, for the first time, we discussed a quality of life which no longer exists in our Europe.

We continued to head north, past Kluane Lake and Burwash Landing up to the Canadian border, at Beaver Creek. After hours of driving on the gravel Taylor Highway, which wound in endless convolutions through continually changing scenery with magnificent views, we reached the next settlement: Chicken.

This place is typical of all those American and Canadian settlements in these latitudes which announce themselves kilometers in advance by signs looming up on both sides of the road.

As it was already three in the afternoon, time was pressing. That day, we wanted to get to Dawson City, the legendary golddigger town on the Klondike. There were going to be gravel roads for all of the 50 kilometers before us to the American-Canadian border station (which is closed from 9 o'clock in the evening until 9 o'clock in the morning) and for the following 100 kilometers of the famous "Top of the World" Highway. Despite the poor road conditions, a unique landscape scenario awaited us in the next four hours. The narrow road, slowly

SOURDOUGH AND GREENHORN

Sourdough, for the old Alaska and Yukon pioneers, was a bit like beer for the Bavarians: a kind of basic foodstuff. The sourdough hung in kettles over the wood stoves and a careful eye was kept on it, for the dough was never eaten up completely, a small portion of the yeast cells forming the basis for tomorrow's bread.

But sourdough also has another meaning. Sourdough is the name applied to all those who have won the fight for survival in the hard Canadian wilderness. The absolute opposite of a sourdough is the cheechako, the newcomer to the Yukon, the greenhorn in the wilderness. There is only one way to make the transformation from cheechako to sourdough. The newcomer must see how the rivers freeze in autumn and witness the breaking up of the ice on the river in spring. Only someone who has got through the hard Canadian winter is worthy of the Sourdough Order.

Weit ist der Weg zurück in die Zivilisation: Diese Hinweisschilder im Nirgendwo tragen die Entfernungen zu berühmten Metropolen der Welt

It is a long way back to civilization: This signpost in the middle of nowhere shows the distances to famous world capitals

noch Dawson City erreichen, die sagenumwobene Goldgräberstadt am Klondike. Und für die vor uns liegenden 50 Kilometer hinauf über die Baumgrenze zur amerikanisch-kanadischen Grenzstation, die von abends 9 Uhr bis morgens 9 Uhr geschlossen ist, wie auch für die weiteren 100 Kilometer des „Top-of-the-World"-Highways waren „graveled roads" angesagt. Trotz der bescheidenen Straßenverhältnisse erwartete uns in den nächsten vier Stunden ein landschaftlich einmaliges Szenario. Die schmale, sich durch dicht bewaldete enge Täler und steile Abhänge langsam in die Höhe windende Straße führt an einigen heute noch betriebenen Claims vorbei. Selbst ein Schwimmbagger, der in den 30er Jahren im Bachbett nach Gold schürfte, säumte als technisches Denkmal den Straßenrand. Kaum hatten wir die Grenzstation mit der freundlichen kanadischen Beamtin hinter uns gelassen, wurde uns klar, daß dieser Highway, der sich wie ein endloses Band knapp unterhalb der runden Berggrate nach Osten hinzog und abwechselnd in alle Himmelsrichtungen die Sicht in unendliche Weiten freigab, seinen Namen zu recht bekommen hatte.

winding upwards through densely wooded narrow valleys and steep slopes led past a few claims still being operated today. Even a dredge that scraped the riverbed for gold in the thirties stood at the side of the road as an engineering monument.

We had hardly left the border station with its friendly Canadian woman official, when it became clear to us that this highway, which revealed continually changing vistas of endless distances to all points of the compass, had been well named.

The wisps of white cloud in the deep blue sky seemed to rub along the roofs of our motor homes and only disappeared from our view at the horizon. The tundra-like low brush surrounding us glowed in intense yellows and reds, only occasionally interrupted by bizarre rock formations or the dark green of some lower lying pinewoods.

And the road, rolled with yellow soil, which betrayed an approaching vehicle from far away through its billowing dust clouds, shone in the evening sun as if paved with Yukon gold.

Die weißen Wolkenfetzen im tiefblauen Herbsthimmel schienen unsere Wohnmobil-Dächer zu streifen und entschwanden erst am Horizont aus unserem Blickfeld. Der uns umgebende tundraähnliche, niedere Bewuchs glühte in intensiven gelben und roten Farben, nur manchmal unterbrochen von bizarren Felsenbildungen oder dem dunklen Grün einiger tiefer liegender Nadelwälder. Und die mit gelber Erde planierte Straße, die ein entgegenkommendes Fahrzeug schon lange vorher durch seine riesigen Staubfahnen verriet, glänzte in der Abendsonne, als sei sie mit dem Gold des Yukon gepflastert.

Am Ende des Top-of-the-World begegneten wir wieder dem Yukon, der an Dawson vorbei weiter in Richtung Westen bis zur Beringsee fließt. Der Fluß ist nach dem indianischen Wort „Yu Choo" (was soviel wie „der größte Fluß" bedeutet) benannt. Ihn galt es auf einer Fähre zu überqueren, wollte man in das gegenüberliegende Dawson gelangen. Wir hatten dies an jenem warmen Septemberabend noch vor. Als wir jedoch durch den landschaftlich bezaubernden, diesseits des Flusses angelegten Yukon River Gouvernment Camp-

At the end of the Top of the World, we once more met the Yukon River, which flows past Dawson westwards to the Bering Sea. The river's name comes from the Indian word "Yu-Choo", meaning "Greatest River". It meant a ferry crossing to reach Dawson on the other side and that was what we still intended on that warm September evening. But, as we were driving through the enchanting scenery of the Yukon River government campground on this side of the river, we decided to stay and were rewarded by another clear starry night around the crackling campfire.

Next morning, we awoke with the first rays of the sun. The noise of an awakening town was already reaching us from Dawson on the opposite bank. After days spent exclusively in natural surroundings, the prospect of an urban environment was not unwelcome. After the obligatory breakfast of coffee, bacon and eggs, we went across on the small ferry, which nevertheless operates 24 hours a day. The helicopter flight, with spectacular views of the innumerable heaps of tailings, was not to be missed. Neither was the eagerly anticipated two-day tour on

Wo ein See ist, ist auch ein Landeplatz

Wherever there is a lake, there is a runway

Erst aus der Luft erschließen sich grandiose Ausblicke auf abweisend steile Felswände…

Only a vantage point in the air reveals the grandiose views of unapproachably steep rockfaces...

ground fuhren, beschlossen wir zu bleiben und wurden mit einer weiteren sternklaren Nacht am prasselnden Lagerfeuer belohnt.

Die ersten Sonnenstrahlen des folgenden Morgens weckten uns. Von dem am gegenüberliegenden Ufer liegenden Dawson drang bereits der Lärm einer erwachenden Stadt zu uns herüber. Nach Tagen ausschließlicher Naturerlebnisse war uns die zu erwartende städtische Umgebung nicht unwillkommen. Nach dem obligatorischen Frühstück mit Kaffee, Eiern und Speck ließen wir uns von der kleinen, aber immerhin 24 Stunden verkehrenden Fähre übersetzen.

Den Helikopterflug mit spektakulären Ausblicken auf die unzähligen Geröllhalden durften wir nicht verpassen, ebenso wenig wie die vielversprechende Zweitagestour auf einem Pferd, die uns von indianischen Führern angeboten wurde und während der wir schließlich vollständig in die Zeit der Goldgräber eingetaucht sind. Die Dreharbeiten waren fast schon abgeschlossen, als Hardy uns zu einem weiteren „must“ aufforderte: dem berühmten Dempster-Highway. Trotzdem: Für die Besichtigung der Jack-London-Cabin, das restaurierte Blockhaus des bekannten Schriftstellers, der hier einen arktischen Winter zubrachte, fanden wir dennoch Zeit.

Obwohl wir wußten, daß wir nur einen nicht allzu ausgedehnten Teil dieser Straße befahren konnten, stand uns der Höhepunkt unserer Reise bevor. Dieser Highway beginnt am 64. Breitengrad und endet erst 740 Kilometer weiter nördlich in Inuvik, einem kleinen Städtchen in den Northwest

horseback, offered to us by Indian guides, during which we at last immersed ourselves completely in the era of the gold rush stampeder.

The film work was almost complete, when Hardy urged us to see another "must": the famous Dempster Highway. We nevertheless still found time to visit the Jack London Cabin, the restored log cabin of the well-known writer who spent one arctic winter here.

Although we knew that we would not be able to drive very far up the Dempster, the high point of our journey still awaited us. This highway begins at the 64th parallel and ends 740 kilometers further to the north in Inuvik, a small town in the Northwest Territories on the Mackenzie Delta. The Dempster is passable even in winter because the metre-thick ice on the river crossings, which in the summer have to be negotiated by ferry, can be driven over without difficulty.

The beauty of the scenery on the way north through the arctic tundra is indescribable. After our experiences on the Top of the World, we could not really conceive of anything more intense. But when, after about 100 kilometers, we soared out of the yellow and green dappled forests into the heights of the Ogilvie and Richardson Mountains and crossed the North Fork Pass (the continental divide between the Arctic Ocean and the Pacific), we were suddenly surrounded by the luminous intensity of

… oder idyllische Seenlandschaften inmitten von schier endlosen Wäldern

...or idyllic lake scenery amidst the endless forests

Von Skagway in Alaska aus verkehrt die „White Pass and Yukon Railroad“ auf abenteuerlichen Wegen hinauf zum White Pass: Kurz nach der Jahrhundertwende wurde der Schienenstrang über Flüsse geschlagen und aus massivem Fels gehauen – heute ist die Eisenbahn in den Sommermonaten eine Touristenattraktion ersten Ranges

Beginning in Skagway, Alaska, the “White Pass and Yukon Railroad” follows a breathtaking route up to the White Pass: Shortly after the turn of the century, the tracks were built across rivers and chiseled out of solid rock – today the railroad is a first-rate tourist attraction during the summer months

Territories am Eismeer. Sogar im Winter ist der Dempster befahrbar, da die im Sommer mittels Fähren zu bewältigenden Flußüberquerungen problemlos auf meterdickem Eis möglich sind. Seine landschaftlichen Schönheiten auf dem Weg durch die arktische Tundra nach Norden sind unbeschreiblich. Nach dem Erlebnis auf dem Top-of-the-World konnten wir uns eigentlich keine Steigerung mehr vorstellen. Als wir jedoch aus den gelbgrün gefleckten endlosen Wäldern nach etwa 100 Kilometern uns in die Höhen der Ogilvie- und Richardson-Mountains schraubten und zunächst den North Fork Pass (der Wasserscheide zwischen dem arktischen Ozean und dem Pazifik) überquerten, waren wir plötzlich umgeben von den intensiv leuchtenden Farben des arktischen Herbstes. Auf dieser Straße, die zwischen Herbst und Frühjahr durch das faszinierende Nordlicht „beleuchtet“ wird und die im Sommer 24 Stunden lang im Sonnenschein liegt – obwohl der Boden unter ihr nie auftaut –, wurden auch wir wie von einer magischen Kraft nach Norden gezogen, wo man das Eismeer schon zu sehen glaubte. Das Spiel der Wolken, die die gewaltigen, der Erosionsgewalt aller Wetterlagen ausgesetzten Bergzüge in einem faszinierenden Wechselspiel zwischen Licht und Schatten zeigten, beeindruckte uns tief. Wir ließen uns lange, allzu lange von dieser Landschaft gefangennehmen. Da wir uns so in der Zeit fast vollständig verkalkuliert hatten, mußten wir die

colours of the arctic autumn. On this road, which is “illuminated” from autumn to spring by the fascinating northern lights and which bathes in sunshine for 24 hours a day in the summer (although the soil never thaws), we were drawn, as if by some magic force, to the north, until we believed we could see the Arctic Ocean.

The shifting clouds presented the mighty mountain ranges, exposed to the erosive forces of all weather conditions, in a fascinating alternation of light and shade. We allowed ourselves to be captivated by this landscape for a long time, much too long. Since, in so doing, we had almost completely miscalculated the time, we had to drive the 540 kilometers on the Klondike Highway in one night.

That, in retrospect, proved to be a good decision, for the “gods of the Yukon” rewarded us for this effort with a unique drama. We had just left Stewart Crossing behind us, when fluorescent northern lights appeared before us and accompanied us for almost an hour on our journey through the night – an unforgettable parting gift to end our unforgettable days in the northwest of Canada.

Weeks later, I met Hardy again in the editing room in Hamburg. Our cameraman, Gerd Wange, and his assistant, Eckhardt Gudd-Wirth, had captured fascinating im-

540 Kilometer auf dem Klondike-Highway in einer Nachtfahrt bewältigen. Das hatte – im Nachhinein gesehen – wohl auch sein müssen, denn „die Götter des Yukon" belohnten uns für diese Anstrengung mit einem einmaligen Schauspiel: Wir hatten gerade Stewart Crossing hinter uns gelassen, als fluoreszierendes Polarlicht vor uns auftauchte und uns fast eine ganze Stunde lang auf unserer Nachtfahrt begleitete; ein unvergeßliches Abschiedsgeschenk an unvergeßliche Tage im Nordwesten Kanadas.

Wochen später traf ich Hardy im Schneideraum in Hamburg wieder. Unser Kameramann Gerd Wange und sein Assistent Eckhardt Gudd-Wirth hatten auf unserer Reise faszinierende Bilder eingefangen. Bilder, die uns auch heute noch jedesmal beim Anschauen zurückversetzen in einen Teil dieser Erde, in dem wir uns sofort heimisch fühlten, ein Territorium, das uns an einen Schöpfer glauben ließ und das uns Kathedrale und Zufluchtsort geworden ist, wann immer uns die Zivilisation über den Kopf wächst.

ages on our journey. Pictures which, even today, take us back to a part of the earth in which we immediately felt at home, a territory which allowed us to believe in a Creator and which has now become our cathedral and refuge whenever civilization threatens to overwhelm us.

ÜBERLEBEN AM RANDE DER ZIVILISATION

Δ *Surviving on the outskirts of civilization*

[von/by Uli Schmid]

Menschenleere Wildnis – für viele Sucht und Sehnsucht zugleich

Deserted wilderness – for many both a craze and desire

Wenn die 31jährige Gudrun Manns, die aus einem kleinen Städtchen bei Fulda stammt, ihre Arme ausbreitet und sich am Ufer des zugefrorenen Yukonstroms bei Dawson City einmal um ihre eigene Achse dreht, dann gewinnt man leicht den Eindruck, daß die schlanke Frau die Weite des Nordens am liebsten in sich aufnehmen würde. Doch das geht nicht. Zu groß ist die nordwestlichste kanadische Provinz, die sich mit dem großen Fluß den Namen teilt.

Zwischen ihrer neuen Heimatstadt Dawson (2000 Einwohner), in der die Deutsche seit sieben Jahren lebt, und den Metropolen des Nordens Whitehorse (25.000 Einwohner) und Fairbanks (Alaska, 35.000 Einwohner) liegen jeweils über 500 Kilometer nahezu menschenleeres Terrain.

Nach ihrer Hochzeit im Jahre 1989 in Deutschland wanderte Gudrun mit ihrem ebenfalls aus Hessen stammenden Mann 1990 nach Dawson aus.

Die Zuneigung des Ehepaars füreinander schwand im harten Leben draußen im „bush", wie die Kanadier ihre Wildnis nennen. Geblieben ist den beiden die Liebe zum nordischen Territorium.

Δ When 31 year old Gudrun Manns from a little town near Fulda spreads out her arms and spins on her heels on the banks of the frozen Yukon River, you can easily get the impression that this slender woman would like to embrace the width of the north. However that is impossible. Too huge is this northwestern province of Canada which shares its name with the great river.

Between her new hometown of Dawson (2000 inhabitants) where the young German has lived for seven years, and the metropolises of the north – Whitehorse (25,000 inhabitants) and Fairbanks (Alaska 35,000 inhabitants) – are more than 500 kilometers of nearly deserted terrain.

After her marriage in 1989 Gudrun emigrated in 1990 with her husband – who is also from Hessia – to Dawson. Their affection for each other faded away in the hard life out here in the "bush", as the Canadians call their wilderness. Both however have kept their love for the northern territory.

Gudrun's husband, after working for one and a half years as a car mechanic in Dawson, turned his back on civilization for good. Since then he lives as a log cabin builder "in the middle of nowhere".

Ein Panzer aus Schnee und Eis überzieht im Winter den Yukon

In the winter an layer of snow and ice is spread over the Yukon

Gudruns Ehemann kehrte nach eineinhalbjähriger Arbeit als Automechaniker in Dawson der Zivilisation endgültig den Rücken und lebt seither als Blockhausbauer „in der Mitte von Nirgendwo".

Die gebürtige Fuldaerin schlug sich zu dieser Zeit als Zimmermädchen, Köchin, Bedienung und Lastwagenfahrerin in einer Goldmine anfangs mehr schlecht als recht durch.

„Heute hab' ich es geschafft", sagt Gudrun Manns. Im Winter hilft sie ihrem Freund, einem Trapper und Berufsfischer, beim Kontrollieren der Fallen, im Sommer arbeitet sie als Hotelmanagerin im „Bunkhouse" von Dawson, das einem Berliner gehört. „Gut, ich mache ungewöhnliche Sachen", sagt das „Frauchen" von acht Schlittenhunden. In den Ruf, eine Powerfrau zu sein, möchte sie aber nicht kommen. „Ich möchte mein Leben hier nicht als das Alleinseligmachende anpreisen. Jeder soll so leben, wie er es für richtig hält. Natürlich gibt es tolle, romantische Momente", schwärmt die charmante Frau von Sonnenuntergängen während des Indian Summer, jener Zeit in den ersten beiden Septemberwochen, in der sich der Norden sein buntes Kleid anzieht. Überschwang der Farben, als sei im Himmel der Malkasten ausgelaufen und auf die Gräser, Sträucher und Bäume getropft. „Doch das ist nur die eine Seite der Medaille. Das Leben ohne Elektrizität, fließendes Wasser und Einkaufsläden ist und macht hart. Ich esse nur Elch- und Karibufleisch sowie Lachs. Ein Vegetarier hätte es hier

In the beginning the Fulda-born young woman scraped along as chambermaid, cook, waitress and as a truck driver in a gold mine.

"Today I've made it" says Gudrun Manns. During the winter she helps her friend, a professional fisherman and trapper, check the traps. During the summer she works as hotel manager in the "Bunkhouse" in Dawson which belongs to a Berliner.

"Ok, I do unusual things" says the mistress of eight sled dogs. However, she is not interested in a reputation as power-woman. "I will not praise my way of life as holy. Everybody should live as he thinks it is appropriate. Of course there are romantic moments." The charming woman raves about sunsets during the Indian Summer – that time, in the first two weeks of September, when the north puts on its colorful coat. It is an exuberance of colours, just as if heaven's paint box had leaked out and dripped on grasses, bushes and trees. "But this is only one side of the coin. Life without electricity, running water and shops is hard. I only eat moose and caribou meat, and salmon. A vegetarian would have a damned hard time here in the North. But in the wilderness it's a matter of life and survival."

In 1996, after a three week stay around Christmas and New Year with her parents and sisters who live near Fulda, the young woman returned to the gold rush town on

„Ich bin keine Powerfrau und will niemanden meinen Lebensstil aufschwatzen", sagt Gudrun Manns

"I'm not a super-woman and wouldn't talk others into my life-style", says Gudrun Manns

Getrockneter Lachs hilft über den langen Winter

Dried salmon helps to get through the winter

oben im Norden verdammt schwer. Doch in der Wildnis geht es um Leben und Überleben."

Nach einem dreiwöchigen Aufenthalt über Weihnachten und Neujahr 1996 bei ihren Eltern und Schwestern im Raum Fulda ist die junge Frau mit den dunkelbraunen Augen ohne Trauer wieder in die Goldgräberstadt an der Grenze zu Alaska zurückgekehrt. Daß man in Deutschland jahraus, jahrein die gleiche Arbeit „reingedrückt bekommt", gefällt der ehemaligen Fremdsprachenkorrespondentin nicht.

„Hier hat man mehr Zeit, dafür muß man die Ansprüche runterfahren. Das fällt mir aber nicht schwer. Ich bin nicht bereit, für einen Pullover 250 Mark auszugeben und dafür täglich zur Arbeit gehen zu müssen", betont die temperamentvolle Frau, während sie sich im Saloon des „Eldorado" in ihren Stuhl zurücklehnt und sich mit den Fingern durch die langen braunen Haare fährt. Dabei ist die junge Frau alles andere als eine Faulenzerin. Zwischen Mitte Mai und Mitte September krempelt sie, wie die meisten ihrer Nachbarn, die Ärmel ganz hoch. Dann steht das Geschäftliche im Vordergrund, für Müßiggang bleibt angesichts der zigtausend Touristen an den Gestaden des Yukon keine Zeit.

Durch Fehler habe sie gelernt, berichtet sie vom Umgang mit Huskys, Kettensägen und Fallen. Froh ist die 31jährige, daß sie jetzt im Hotelgewerbe gutes Geld verdient, um sich davon neue und zuverlässige Gerätschaften wie Motorschlitten und Motorboot leisten zu können.

the border of Alaska without sorrow. The former foreign-language correspondent doesn't like the same work being imposed on her year after year.

"Here you have more time but you have to moderate your demands. But I don't find that difficult. I'm not willing to spend 250 Marks for a pullover and then be forced to go to work for that day-by-day," emphazises the vivacious woman leaning back in her chair in the saloon of the "Eldorado" while she runs her fingers through her long brown hair. Yet the young woman is anything but lazy. Between mid-May and mid-September she rolls up her sleeves as most of her neighbours do. Then work has priority, since there is no place for idleness when you are faced with tens of thousands of tourists on the banks of the Yukon.

She has learned from her mistakes she says of her dealings with huskies, chain saws and traps. The 31-year-old woman is glad that she now earns good money in the hotel business so she can afford to buy new, reliable equipment such as a snowmachine and motorboat.

She needs both things to safely survive during the cold and dark season on the claim she mines for gold several kilometers outside of Dawson.

What does she miss in Dawson? "My family, my friends, in short the security of the social environment" she says and then adds: "also the scent of fresh rolls in a bakery."

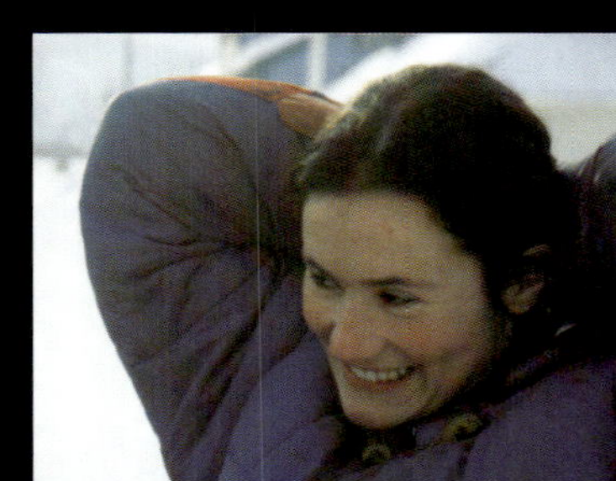

Glücklich im hohen Norden: Gudrun Manns – eine Rückkehr nach Deutschland will sie dennoch nicht ausschließen

Happy in the far North: Gudrun Manns – but she doesn't exclude a return to Germany

„In guten Zeiten hat man kein Heimweh" – auch wenn das Thermometer wochenlang auf minus 50 Grad Celsius fällt

"In good times you're not homesick" – even if the thermometer goes down to minus 50 degrees Celsius for weeks at a time

Beides braucht sie, um auf ihrem Claim, auf dem sie nebenbei noch nach Gold sucht, einige Kilometer vor den Toren Dawsons auch in der kalten und dunklen Jahreszeit gut überleben zu können.

Was vermißt sie in Dawson? „Meine Familie, meine Freunde, kurz gesagt die Geborgenheit des sozialen Umfelds", sagt sie und ergänzt: „Auch den Geruch von frischen Brötchen in einer Bäckerei."

In Kanadas äußerstem Nordwesten stört die junge Frau, die in einem eher spartanischen Blockhaus lebt (einziger Luxus ist der Gasofen), manchmal die Kälte. „Wenn es zwei Wochen lang minus 50 Grad Celsius hatte, dann denke ich mir, Jesus, jetzt reicht es aber." Bei Temperaturen um minus 20 Grad spricht sie dagegen schon von einem Traumwetter und fühlt sich fast so, „wie auf den Malediven". In ihren selbstgenähten Mukluks, den indianischen Fellstiefeln, steht Gudrun, die als Hobbys Lesen und Stricken angibt, fest auf dem mit Pulverschnee bedeckten Dauerfrostboden.

Ob sie für immer im Yukon Territory bleiben möchte? „In guten Zeiten hat man kein Heimweh", sagt sie. Außerdem mag sie es, daß sich die Menschen, die oberhalb des 60. Breitengrades leben, danach beurteilen, wie sie sind, und nicht nachdem, was sie sind. Einen Ortswechsel will sie dennoch nicht für alle Zeiten ausschließen: „Never say never – sag niemals nie."

Living in a rather spartanly furnished log cabin (the only extravagance is the gas stove), in the extreme northwest of Canada, the only thing that occasionally bothers the young woman is the cold. "If it's minus 50 degrees Celsius for two weeks I sometimes think 'Jesus, that's enough now." Temperatures around minus 20 degrees she describes as dream weather and nearly feels "like on the Maldives." In her home-made mukluks, Gudrun, who mentions reading and knitting as her hobbies, stands firmly on the permafrost which is covered with powder snow.

Does she want to stay forever in the Yukon? "In good times you're not homesick" she says. Moreover she likes that the people living beyond the 60th parallel judge each other by who they are and not by what they are. Yet she doesn't exclude a change of place forever: "Never say never."

EIN EINZIGER BÄR ADELT EINE LANDSCHAFT

Δ *A single bear ennobles a landscape*

[von/by Uli Schmid]

„Ein einziger Bär", so schrieb einmal der Münchner Wildbiologe Prof. Dr. Wolfgang Schröder im Hinblick auf die letzten Braunbären der Alpen, „adelt eine Landschaft!" Der Wissenschaftler meinte damit, daß diese Tiere sehr hohe Anforderungen an einen Lebensraum stellen, damit sie sich dort wohlfühlen. Doch es gibt noch einen weiteren Aspekt: Bewegt sich der Mensch durch Bärenland, dann wird ihm allein durch den Anblick der Fährten bewußt, daß es dort ein Lebewesen gibt, daß ihm in bestimmten Situationen (zum Beispiel wenn der Zweibeiner nachts im Zelt schläft) deutlich überlegen ist.

Wenn ein einziger Bär eine Landschaft adelt, dann bewegt sich der Reisende im Yukon Territory und in Alaska in wahrhaft blaublütigen Gelände. Denn allein im Yukon leben etwa 17.000 Schwarz- und Grizzlybären, in Alaska sind es etwa 90.000 Meister Petze.

Daß sich die beiden Staaten sehr ähneln, die durch das Yukon Quest verbunden sind, verrät schon der Blick auf die Landkarte: Sieht man einmal von Alaskas „Pfannenstiel" an der Pazifikküste ab, dann werden beide Länder durch einen messerscharfen Schnitt

Δ *"A single bear" the Munich Game Biologist Prof. Dr. Wolfgang Schröder in reference to the last brown bears in the Alps once wrote "ennobles a landscape!" With that the scientist meant that these animals make great demands on a living space to feel at ease. But there is another aspect: when an individual moves through a bear's land he realizes at the mere sight of the tracks that here is a creature which is definitely superior to himself in certain situations (for instance when the human being sleeps in his tent during the night).*

If a single bear ennobles a landscape travelers in the Yukon Territory and in Alaska move in a really blue-blooded area. In the Yukon alone there live about 17,000 black and grizzly bears, in Alaska about 90,000 browns.

That both states linked by the Yukon Quest resemble each other can easily be seen if you look at the map: leaving aside Alaska's "panhandle" on the Pacific coast, both states are sharply divided by a knife-edged line which is drawn along the 141st meridian. Such borders are made by men on the drawing board. Flora and fauna remain completely unimpressed by such a border fixation.

Der Weißkopf-Seeadler ist das Wappentier der Vereinigten Staaten

The bald eagle is the heraldic animal of the United States

Im Yukon bleibt Zeit für Muße …

In the Yukon there is always time for leisure …

getrennt, der dem 141. Längengrad folgt. Solche Grenzen zieht der Mensch auf dem Reißtischbrett, Flora und Fauna läßt eine solche Grenzziehung gänzlich unbeeindruckt.

Für den Besucher bedeutet dies: Sowohl im Yukon Territory, als auch in dem 49. Bundesstaat der USA wird er mit einem für europäische Verhältnisse extrem dünn besiedelten Lebensraum konfrontiert, in dem die Natur immer noch die Grenzen setzt. Wer glaubt, einfach 'mal zu einer Zwei-Tage-Wanderung aufzubrechen, wird angesichts des meist dichten Gestrüpps, der zahllosen Moore und Tümpel und der Moskitowolken im Sommer schnell kleinere Brötchen backen. Sich auf den vorhandenen, oftmals spärlich markierten Trails die Natur zu erschließen, ist im Bärenland abenteuerlich genug.

Was sucht der Tourist in einem Land, in dem im Winter die Temperaturen auf minus 45 Grad fallen, die Sonne sich nur kurz über dem Horizont zeigt und im Sommer bei 30 Grad plus Sonne und Mücken rund um die Uhr präsent sind?

For a visitor it means: In the Yukon Territory as well as in the 49th state of the USA he is confronted with a – compared to European conditions – extreme thinly populated living space where nature still sets the limits. He who believes he can simply undertake a two day hike will soon be faced with the bush, the numerous fens and sloughs and the clouds of mosquitoes during the summer, and will, no doubt moderate his ambitions. To discover nature using the available but often sparsely marked trails is adventure enough in the land of the bears.

What is a tourist looking for in a country where temperatures drop to minus 45 degrees and the sun only appears for a short time above the horizon in the winter and where in the summer, at temperatures above 30 degrees the sun and the mosquitoes are present 24 hours a day?

To play down the biting cold and the mosquitoes would be dishonest. Both can take it out of the unprepared visitor. One

Kälte und Moskitos bagatellisieren zu wollen, wäre unredlich. Beides kann dem unvorbereiteten Gast böse zusetzen. Doch gegen die Kälte kann sich der Mensch mit Kleidung schützen, gegen den „Nationalvogel“ gibt es probate Mittelchen zum Einreiben und einen Tip: Die ersten Nachtfröste Ende August, Anfang September sorgen nicht nur dafür, daß sich Tundren und Wälder während des Indian Summers in einem wahren Farbenrausch präsentieren, die ersten Minustemperaturen sorgen auch dafür, daß sich die fliegenden Plagegeister kaum mehr zeigen.

„Zeichne ein Land mit mehreren tausend Meter hohen Bergen und tiefen, ungezähmten Flüssen, an denen Bären, Elche und Karibus leben, in denen Lachse ziehen und auf denen Schwäne schwimmen. Die Landschaft wird geprägt vom dunklen Grün der Fichten und dem Pink, Blau und Violett von Billionen wilder Blumen. Wenn Sie nach einem Ziel suchen, an dem Sie nicht die Ellbogen Ihres Nachbarn spüren, ist das hier Ihr Platz. Viele nordamerikanische National-

can protect himself from the cold with warm clothing. For protection against the "national bird" there are well proven remedies for application and a tip: the early night-frosts at the end of August/early September not only cause the tundras and forests to present themselves in a blaze of colour, they also bring about the disappearence of the flying teasers.

"Draw a land with mountains of several thousand meters height, deep, untamed rivers, where bear, moose and caribou live, in which salmon migrate and on which swans swim. The landscape is characterized by the dark green of the pines and the pink, blue and purple of trillions of wild flowers. If you are looking for a somewhere where you will not feel the elbow of your neighbour then this is your place.

Whereas many North American national parks groan under the burden of millions of visitors, Canada's Yukon has remained unspoiled and thinly populated," tells a brochure. And the Yukon poet Robert

... und Tage voller Abenteuer in der unberührten Wildnis

..... and days full of adventure in the untouched wilderness

Angeln ist mehr als ein Zeitvertreib – fast schon eine Lebensphilosphie

Fishing is more than a pastime – almost a philosophy of life

Frischer Fisch kann, wenn man will, täglich auf der Speisekarte stehen

If you want it, fresh fish is on the menu every day

parks stöhnen unter der Last von Millionen Besuchern, dagegen blieb Kanadas Yukon unverdorben und dünn besiedelt", heißt es in einer Werbebroschüre. Und der Yukon-Poet Robert Service schrieb in seiner Heimatstadt Dawson City die Worte nieder:

Es ist dieses großartige, weite Land dort droben. Es ist der Wald, wo die Stille Raum hat. Es ist die Schönheit, die mich staunen läßt. Es ist die Ruhe, die mich mit Frieden erfüllt.

Was auch immer über Yukon und Alaska geschrieben wurde oder wird: Mit den beiden Weltreichen der Natur verhält es sich wie mit der Münchner Weißwurst – entweder man mag sie, oder man mag sie nicht. Doch immer mehr Menschen verfallen diesen Landschaften zwischen Pazifik und dem Arktischen Ozean mit Haut und Haaren. Wer mit sich und seiner Freizeit etwas anfangen kann, dem bieten sich zwischen Whitehorse, Inuvik und Fairbanks eine Fülle von Aktivitäten an. Auf den Highways sind Wohnmobilfahrer ebenso zu Hause wie Motorrad- oder Mountainbikefahrer, die Flüsse lassen sich sportlich mit Kajak oder Kanu befahren, wer es gemächlicher und komfortabler mag, mietet sich ein Schlauch- oder Motorboot. Wanderern erschließt sich die Wildnis ebenso wie demjenigen, der auf dem Rücken eines Pferdes unterwegs ist, auch mit den sogenannten All-Terrain-Vehicles (ATV) darf man der Schönheit des Nordens auf den Leib rücken. Motor- und Hunde-

Service wrote down the following words:

It's the great, big, broad land 'way up yonder. It's the forests where silence has lease. It's the beauty that thrills me with wonder. It's the stillness that fills me with peace.

Whatever has been or will be written about Yukon and Alaska: the question of the two empires of nature is the same story as that of the Scottish haggis – either you like it or you don't. But it must be said, an ever increasing number of people lose their hearts forever to these landscapes between the Pacific and the Atlantic Ocean. He who knows what to do with himself and his free time is offered a lot of activities between Whitehorse, Inuvik and Fairbanks. Motor home drivers are at home on the highways as are motorcyclists and mountain bikers; the rivers are suited for sporty paddling with canoe or kayak. Those who like it more unhurried and comfortable can hire a dinghy or a motorboat.

The wilderness opens itself up to the hiker just as it does to a man on horseback; you can also go by so-called All-Terrain-Vehicles (ATVs) to find the beauty of the north if you wish. Snowmobiles and dog sleds as well as cross-country or telemark skis are available for visitors wanting to get about in the winter. One of the most popular leisure time activities, at least during summer and autumn, is fishing. Whether one wants to

schlitten sowie Langlauf- oder Telemarkski bieten sich für den Besucher an, der im Winter vorankommen will. Zu den beliebtesten Freizeitbeschäftigungen zählt, zumindest in Sommer und Herbst, das Angeln. Ob man seine Kräfte mit einem bis zu 25 Kilo schweren Königslachs aus dem Yukon messen möchte oder sich auf eher filigrane Art eine Äsche fürs Grillen auf dem abendlichen Lagerfeuer fängt, bleibt jedem selbst überlassen.

In Nordamerika greifen jedenfalls viele Menschen zur Angelrute, die daheim in Europa nie auf den Gedanken kämen, sich einen Fisch zu fangen. Warum dem so ist? Das Fischen ist in Alaska und Yukon vergleichsweise wenig reglementiert, und die Flüsse weisen fast ausschließlich Trinkwasserqualität auf. Obwohl es mit Seeforellen, Regenbogenforellen, Stahlkopfforellen, Dolly Varden (eine Art Saibling), Äsche und Hecht eine große Palette an interessanten Sportfischen gibt, werden die meisten Angler vom Lachs fasziniert. Nach drei- bis sechsjährigem Aufenthalt im Pazifik kehren die Lachse an den Platz ihrer Geburt in die Flüsse Alaskas oder des Yukon Territorys zurück. Die Hauptfangzeit variiert je nach Lachsart zwischen Mai und Oktober.

Alaska ist aufgrund seiner Küstenlinie und der vielen Flüsse, die in den Pazifik münden, der bessere „Hot spot" für Lachsangler als das Yukon Territory. Im letztgenannten werden die meisten Lachse im Yukon (King und Dog) und im Tatshenshini River System (Chinook, Sockeye, Silver) gefangen.

measure one's strength with a Yukon king salmon, weighing up to 25 kilos, or prefers to catch a grayling, in a more subtle way, for barbecuing on a campfire in the evening is up to the individual.

In North America many Europeans who would never think of catching a fish at home reach for the fishing rod. Why is this so? Fishing in Alaska and Yukon has comparatively little regulation and the river water for the most part is of drinking-water quality. Although a great variety of fish are available to sport fisherman – such as lake trout, rainbow trout, steelhead, dolly varden, grayling and pike – most anglers are fascinated by the salmon. After a stay of three to six years in the Pacific the salmon return to their place of birth in the rivers of Alaska and the Yukon Territory. The main fishing season varies between May and October depending on the type of salmon.

Due to its shoreline and the many rivers opening out into the Pacific, Alaska is the better "hot spot" for salmon anglers than the Yukon Territory. In the Yukon most salmon is caught in the Yukon River (king and chum) and in the Tatshenshini river system (king, sockeye, coho).

Because of the regionally varying designations of the types of salmon, the following is a brief anthology of the subspecies. The biggest salmon are called king salmon or chinook and weigh between 20 and 30

Die Morgen- und Abendstunden eignen sich besonders zur Tierbeobachtung

Animal-watching is especially good during morning and evening

Nach Jahren der Wanderschaft kehren die Lachse an den Ort ihrer Geburt zurück, laichen und sterben dann

After years in the ocean the adult salmon return to their place of birth, spawn and then they die

Wem diese Namen wenig sagen und aufgrund der regional oft recht unterschiedlichen Benennung der Lachsarten, hier ein kleines Rassen-Brevier: Der größte Lachs heißt King Salmon oder Chinook und wiegt zwischen 20 und 30 Pfund, sein Rekordgewicht liegt bei 100 Pfund. Die beste Zeit, den „König" an die Leine zu bekommen, ist von Ende Mai bis Mitte Juli. Der Rote Lachs oder Sockeye wiegt zwischen vier und acht Pfund, 15pfünder sind rekordverdächtig. Er kommt oftmals in zwei „Wellen" in die Flüsse zurück: Im Mai und Juni ist die Vorhut unterwegs, der große „Run" setzt im August ein. Der Chum Salmon wird auch Dog genannt, vermutlich weil er nicht ganz so exzellent wie seine Artgenossen schmeckt und deswegen von den verwöhnten Alaskanern und Yukonern auch an die Hunde verfüttert wird. Der Chum oder Dog wiegt zwischen sechs und zehn Pfund, wer den Rekord schlagen will, muß einen 32pfünder anlanden. Juli und August sind seine Hauptfangmonate. Last but not least der Favorit des Autors: der Silver Salmon oder Coho. Den durchschnittlich etwa zehn Pfund schweren Fisch (Rekordmarke an der Angel: 26 Pfund) muß man sich nicht mit den Moskitos „teilen", da seine Hauptaufstiegszeit in die Flüsse von Mitte August bis Ende September reicht.

Zum Abschluß des kleinen Angel-Diskurses drei traditionelle Regeln der Ureinwohner:

Respektiere den Fisch,
fang' nur soviel Du brauchst,
nutze alles von Deinem Fang.

Mark Wedge von den Carcross-Tagish First Nations (Ureinwohnern) sagt: „Der Fisch kommt als eine Art Geschenk zu Dir. Er gibt Dir sein Leben. Wenn Du das nicht akzeptierst, ist das eine Beleidigung. Früher oder später wird der Fisch aufhören, zu Dir zu kommen." Wer die Natur liebt, wird seine Ferien im Yukon und in Alaska gerne zur Tierbeobachtung nutzen wollen. Um zu großen Erwartungen vorzubeugen: Die beiden Länder sind riesig groß, die Wilddichte entspricht nicht dem Niveau der mitteleuropäischen. Normalerweise sieht man eher in Deutschland ein Reh als im Yukon einen Elch.

pounds. The record weight is 100 pounds. The best time to get the "king" on the line is from the end of May to the middle of July. Red salmon or sockeye weigh between four and eight pounds. Specimens of 15 pounds are in the record range. It mostly returns in two "waves" to the rivers: in May and June the vanguard is on its way; the great "run" begins in August. Chum salmon is also called dog salmon presumably because its taste is not as excellent as that of its co-species and is therefore often used by the "spoilt" Alaskans and Yukoners to feed their dogs. Chum or dog weighs between six and ten pounds; if you want to break a record you must land a 32-pounder. July and August are the main fishing months. Last but not least the favourite of the author: the silver salmon or coho. This fish weighs an average of about ten pounds (recordmark on the line: 25 pounds) and will not have to be "shared" with the mosquitoes as its main migration time into the rivers is from the middle of August to the end of September.

To end this little fishing discourse, three traditional rules of the natives:

Respect the fish,
catch only as much as you need,
use everything you catch.

Marke Wedge of the Carcross-Tagish First Nation (aboriginals) says: "The fish reaches you as a kind of gift. It gives its life to you. To refuse this gift is an insult. Sooner or later the fish will stop coming to you."

Everyone who is a nature lover will most certainly want to use his vacation in Alaska or Yukon for the observation of animals. In order to prevent disappointment caused by overly-high expectations: both states are of immense latitude and game density does not correspond to that of Central Europe. Generally speaking it is more likely to see deer in Germany than a moose in the Yukon.

More than 200,000 caribou, 5000 moose, 7000 wolves, but only 32,000 people live here. And yet he who catches sight of a moose or bear can consider himself very lucky. Over 214 species of bird live temporarily or permanently in the Yukon area. Just to mention two of the most noticeable of these birds: the visitor can at least count on seeing eagles and ravens.

Die Sonnenuntergänge sind im Yukon immer wieder faszinierend

The sunsets in the North are fascinating over and over again

Masken sind ein wichtiges Symbol für die Indianer

Masks are an important symbol for the Indians

Über 200.000 Karibus, 50.000 Elche und 7000 Wölfe stehen hier nur 32.000 Menschen gegenüber. Und dennoch: Wer einen Elch oder Bären zu Gesicht bekommt, sollte dies als großes Glück auffassen. 214 Vogelarten leben zeitweise oder permanent im Bereich des Yukon. Der Besucher darf damit rechnen, zumindest Adler und Raben, um die beiden auffälligsten zu nennen, zu sehen.

Wer sich dazu entschließt, seinen Urlaub zwischen Whitehorse und Fairbanks zu verbringen, wird keine Langeweile erleben. Dennoch gibt es ein paar Plätze, die landschaftlich ihre Umgebung ein wenig in den Schatten stellen. Wenn zwei Nationalparks, der Wrangell-St.-Elias in Alaska und der Kluane im Yukon Territory aneinander stoßen, dann muß das in dieser von landschaftlichen Highlights überhäuften Region schon etwas heißen.

Der alaskanische Park ist größer als die Schweiz, im Kluane-National-Park liegt das größte außerpolare Eisfeld der Erde. Die Unesco hat die mit über 220.000 Quadratkilometer große Region im Yukon Territory zum Welterbe erklärt. Im Norden und Osten dieses Parks gibt es ein Netz von Wanderwegen. Wer dort unterwegs sein will, muß sich in Haines Junction registrieren lassen. Dort gibt es auch, ebenso wie in den Motels im Bereich des Kluane Lakes, Landkarten und Informationen. Ob der Wanderer oder Kanute Tage oder Wochen für die Besich-

He who decides to spend his vacation between Whitehorse and Fairbanks will certainly not be bored. There are however a couple of places which scenically outshine their surroundings. When two national parks – Wrangell-St. Elias, in Alaska and Kluane in the Yukon Territory – border each other, then this tells you quite a lot. This region overwhelms with its scenic highlights.

The Alaskan park is larger than Switzerland and in Kluane National Park lies the world's largest ice field outside of the polar regions. UNESCO has declared these 220,000 square kilometers of the Yukon Territory a world heritage site. In the northern and southern areas of these parks there is a network of hiking trails. Anyone wanting to take to the trail must register at Haines Junction first. You can get maps and information there as well as in the motels around the Kluane Lake area. Whether hikers or canoeists plan to visit this park for a few days or weeks depends only on their vacation reserves: the landscape will put no limits on their spirit of adventure.

Around the turn of the century precious metal seekers showed an interest in Kluane which in the language of the Indians means "place of the many fish". Because too little gold and silver was found the only thing that remains from this mini-rush is the ghost town of "Silver City". In Alaska, a visit to Denali National Park, the oldest in the 49th

Der Weißkopf-Seeadler findet im Norden ideale Lebensbedingungen

The bald eagle finds ideal living conditions in the North

tigung dieses Parks einplant, wird lediglich von seinen Urlaubsreserven bestimmt, die Landschaft setzt dem Unternehmungsgeist jedenfalls keine Grenzen.

Um die Jahrhundertwende interessierten sich die Edelmetallsucher für Kluane, was in der Sprache der Indianer „Platz der vielen Fische" bedeutet. Da zu wenig Gold und Silber gefunden wurde, blieb von dem einstigen Interesse nur die Geisterstadt „Silver City" übrig. In Alaska ist der Besuch des südlich von Fairbanks gelegenen Denali-Nationalparks, der älteste im 49. US-Bundesstaat, fast schon ein Muß.

Über all den landschaftlichen Schönheiten sollte man diejenigen Menschen nicht vergessen, die vor über 10.000 Jahren von Sibirien aus über die Bering-Passage Nordamerika besiedelten: die Inuit (Eskimos) an den Ufern des Arktischen Ozeans und die Indianer (Tlingit, G'witchn und Athasbaskan) im Landesinneren. „First Nations" nennen sich die Ureinwohner im Yukon Territoy. Sie lebten Jahrtausende als Nomaden vom Fischen, Fallenstellen und Jagen im großen Einklang mit der Natur, bevor der weiße Mann, zunächst in Form von russischen Pelzhändlern und später in Gestalt von englischen Missionaren und Siedlern, mit ihnen in Kontakt kam. Durch den Goldrausch (1897) und den Bau des Alaska-Highways im Zweiten Weltkrieg wurden die Ureinwohner abrupt in das Industriezeitalter „katapultiert". Das Verhältnis heute ist zwischen „Weiß" und „Rot", trotz aller offiziellen Statements, noch nicht immer spannungsfrei. Zur Zeit als dieses Buch gedruckt wurde, verhandelten die Regierung von Kanada und die First Nations: Ziel ist es, daß die Ureinwohner die Kontrolle über ihr einstiges Land zurückerhalten.

„Zugereiste" wie Einheimische, Alaskaner wie Yukoner werden unterschiedliche Auffassungen überwinden müssen, um im zunehmend härteren Wettbewerb zukünftig bestehen zu können.

state of the USA, is almost a must. When admiring the beautiful scenery one should not forget those early peoples, coming from Siberia via the Bering-Passage, who first populated north America 10,000 years ago: the Inuit (Eskimos) on the shores of the Arctic Oceans, and the Indians (Tlingit and Athabaskan) who settled inland and on the Pacific Coast.

The original native inhabitants of the Yukon Territory call themselves "First Nations". As nomads they lived for thousands of years from fishing, trapping and hunting – in perfect harmony with nature. Until their contact with the white man, at first in the form of Russian fur traders and later in the form of English missionaries and settlers.

With the gold rush (1897/98) and the building of the Alaska Highway during the Second World War the original native inhabitants were abruptly "catapulted" into the industrial era. The relationship between Europeans and aboriginals is, in spite of all the official statements, not always free of tension. At the time this book went into print the Government of Canada and the First Nations were negotiating: the aim is to give back to the original native inhabitants control over the land they once owned.

"Newcomers" as well as native Alaskans and Yukoners will have to get used to changing attitudes if they are going to withstand increasingly hard competition in the future.

MIT HERZ, STATT HÄRTE ZUM ERFOLG

∆ Through the Heart, Instead of Severity [von/by Frank Turner]

Zwielicht am Stewart-River, dem letzten Checkpoint vor Dawson

The Stewart River at twilight, the last checkpoint before Dawson

In Fairbanks (Alaska) ist es Donnerstag, der 23. Februar 1995, halb fünf Uhr morgens. Ebensogut könnte es aber auch zwei Uhr morgens oder acht Uhr abends sein – wer zehneinhalb Tage lang rund um die Uhr und fast ohne Schlaf auf dem Yukon Quest fährt, hat jedes Gefühl für die Tageszeit verloren. Man weiß nur noch, wann es Zeit zum Fahren, und wann zum Anhalten und Ausruhen ist.

Jetzt wäre eigentlich Zeit zum Ausruhen – das Rennen ist seit 24 Stunden vorbei, und es ist 4.30 Uhr. Aber der Sieger des Rennens fährt gerade mit nur einem Hund und einem Hundepfleger in einem alten Kleintransporter durch die dunklen und verlassenen Straßen von Fairbanks zu einem Fernsehsender. Die Moderatorin einer kanadischen Morgenshow möchte „Frank, den Musher" und „Buck, den Hund" kennenlernen. Für Frank ist die Erfahrung neu und ungewohnt: Der passionierte und begeisterte Musher gehörte zwar bisher nicht unbedingt zu den Favoriten, doch nun hat er das Yukon Quest 1995 gewonnen, und zwar in der Rekordzeit von 10 Tagen, 16 Stunden und 22 Minuten.

Bei dem Interview erweist sich Buck als eindeutig aufgeweckteres Teammitglied. Zunächst überprüft er Kissen und Lehne des Sofas, schaut sich dann vergnügt im Studio um und senkt schließlich den Kopf, um sich

∆ It's 4:30 am, Thursday, February 23rd, 1995, in Fairbanks, Alaska. But it might as well be 2:00am or 8:00pm – after 10 $^1/_2$ days on the Yukon Quest Trail, running day and night with almost no sleep, you cannot tell what time of day it is. You only know whether it's time to run or time to stop and rest.

Right now, it should be time to rest – the race ended 24 hours ago and it is 4:30 in the morning. But the winning musher is driving to a TV station, navigating the dark, deserted streets of Fairbanks, with only one dog and one handler, and all are riding in the relative comfort of an old pickup truck. A Canadian television morning news show wants to interview "Frank, The Musher" with "Buck, The Dog." This experience is new and strange: Frank is a passionate and devoted musher, not necessarily a highly competitive one, yet he has just won the 1995 Yukon Quest, and won it in record setting time: 10 days, 16 hours and 22 minutes.

As the interview begins, with a live satellite uplink, Buck is clearly the more alert member of the team. He checks out the cushions and the back of the sofa, looks cheerfully around the studio, and tips his head expecting a scratch behind the ear. "Frank The Musher," on the other hand, looks a little dazed. The interviewer comments on the fact that Frank is the only musher to have entered the Quest every year, then asks him "Why do you do it?" Not surprisingly, Frank has trouble answering.

Frank Turner (links) gilt wegen seiner Gutmütigkeit gegenüber den Hunden als „Softie" unter den Mushern

Frank Turner (left) is considered the "softy" among the mushers because of his good-naturedness towards dogs

Die Hunde tragen Booties an ihren Pfoten, damit sich kein Schnee zwischen ihren Ballen festsetzt

The dogs wear booties on their paws so that snow doesn't cluster between the balls of their feet

hinter dem Ohr kraulen zu lassen. „Frank, der Musher", sieht dagegen ein wenig verwirrt aus. Die Moderatorin erwähnt, daß Frank als einziger Musher bisher jedes Jahr am Quest teilgenommen hat, und fragt ihn: „Warum machen Sie das?" Eine Antwort hierauf zu finden fällt Frank natürlich nicht gerade leicht.

Alles hatte damit begonnen, daß Frank und ein Freund eine Münze warfen – und Frank verlor. Die beiden hatten gerade ihr Studium hinter sich gebracht und wollten nun entweder nach Mexiko oder an den Yukon. Frank war eigentlich mehr für Mexiko, aber das Schicksal wollte es anders. Nach ein paar Monaten war er vom Yukon so begeistert, daß er zum stolzen Eigentümer einer kleinen Hütte in der Nähe von Whitehorse wurde und sich zwei Hunde hielt, darunter eine trächtige Hündin. Mit diesen beiden Hunden und den Welpen baute Frank sein erstes Team auf. In den

It all began with the toss of a coin – a toss that Frank lost. After graduating from university, Frank and a friend decided to hit the road, either to Mexico or the Yukon. Frank wanted Mexico, but he lost the toss. Within a few months, the Yukon spirit had infected him and he became the proud owner of a small cabin in the bush outside of Whitehorse, Yukon, and a couple of dogs, one pregnant. With those two dogs, and the puppies, Frank started his first team; he has had a team ever since. That was over 20 years ago.

Not long after the birth of those puppies, the idea for the Yukon Quest was born. Leroy Shanks and Roger Williams of Fairbanks developed the concept. Frank got involved almost from the start. The idea of a race dedicated to the spirit of the north, that crossed borders and celebrated the common challenges faced by northerners appealed to him immensely.

mehr als 20 Jahren, die seither vergangen sind, hat er stets ein Team besessen.

Kurz nach der Geburt der Welpen wurde die Idee für das Yukon Quest geboren, und Frank war beinahe von Anfang an dabei. Ein Rennen im Geiste des Nordens – dafür konnte er sich sofort begeistern.

Frank war inzwischen nach Pelly Crossing gezogen, eine kleine Siedlung drei Stunden nördlich von Whitehorse, wo er neun Jahre lang lebte und für Selkirk First Nation arbeitete. Während dieser Zeit erfuhr er von den Stammesältesten der Tutschonen eine Menge über das Fahren und Überleben im Winter. Was er von Menschen wie Tommy McGinty, Stanley Jonathon und Dan Van Bibber lernte, sollte ihm in den folgenden Jahren auf den schwierigen Abschnitten des Rennens viele gute Dienste leisten. In den ersten Jahren achtete Frank sehr darauf, die Hunde beim Rennen gut zu versorgen, und lernte, sie zu motivieren und zu

In the meantime, Frank had moved to Pelly Crossing, a small community three hours north of Whitehorse. For the next nine years he lived there and worked with the Selkirk First Nation. During those years, he learned a great deal from some of the Northern Tutchone elders about traveling and surviving in the winter. The teachings of people like Tommy McGinty, Stanley Jonathon and Dan Van Bibber would stand him in good stead during the more difficult parts of the race over the years to come. During the first few years of the race, Frank worked hard on the care of the dogs, learning how to motivate them and how to take good care of them. Like most beginning mushers, he made mistakes, but those mistakes were instructive. Recognizing the limits of the dogs, and one's own limits, is one of the most valuable skills a musher can learn. One time, Frank picked up a pile of donated hamburgers from a fast food outlet, thinking himself lucky indeed; within

Frank Turner (unten und nächste Seite) bei Stewart Crossing beziehungsweise Takhini Hot Springs

Frank Turner (below and following page) at Stewart Crossing and Takhini Hot Springs respectively

pflegen. Wie die meisten Musher machte auch er zunächst einige Fehler, aus denen er aber lernte. Seine eigenen Grenzen und die der Hunde zu kennen, ist eine der wichtigsten Eigenschaften eines guten Mushers.

Frank lernte immer mehr über Hundeschlittenfahren, kaufte sich weitere Hunde und konnte sein Team nach und nach verbessern. Gegen Ende der achtziger und zu Beginn der neunziger Jahre gehörte er dann bei jedem Rennen zu den ersten zehn. Dennoch galt er als gutmütiger Kerl, der seine Hunde nicht genug antrieb. Von Cowboy Smith wurde er „Omi" genannt, und auch die anderen Musher hielten ihn für zu nachgiebig. Doch bis heute kümmert er sich mehr um das Wohlergehen seiner Hunde als um sein eigenes, und oft verwöhnt er das Team regelrecht. Neben dem Ruf eines Softies trug ihm sein Engagement für die Hunde 1991 aber auch die Auszeichnung „Vet's Choice" der Tierärzte ein.

Wegen seines Images als Weichling ging eigentlich niemand davon aus, daß Frank beim Rennen von 1995 besonders gut abschneiden würde – zumindest nicht besser als sonst. Die meisten erwarteten, daß er unter den ersten zehn landen würde, keinesfalls aber unter den ersten zwei oder drei.

Als die Teams bei diesem Rennen die Startlinie verließen, wußte Franks Support-Crew, daß die Hunde in Bestform waren.

Jay Cadzow, ein Musher aus Fort Yukon, der in jenem Jahr Dritter wurde, dachte vielleicht als erster an die Möglichkeit, daß Frank das Rennen gewinnen könnte. Vor dem Start sah sich Jay Frank und sein Team an, meinte, daß sie einen sehr starken Eindruck machten, und spekulierte sogar über einen ersten Platz für Frank. Damals glaubte Frank noch, daß Jay Witze machte.

Jay ist das typische Beispiel eines „Land-Mushers": Er lebt in einer sehr kleinen Siedlung und stellt sein Team mit minimalen Kosten auf (was beim Iditarod nicht möglich wäre). Jay nimmt am Rennen mit relativ geringem technischem Aufwand (für Futter und Ausrüstung) teil, kennt sich aber dafür in der Wildnis hervorragend aus und fährt mit erstklassigen Hunden. Beim Quest kommt es eben noch mehr auf Fähigkeiten an als auf Technologie.

a few hours the burgers were frozen as hard as hockey pucks and completely useless.

As Frank learned more about mushing and acquired more dogs, his team gradually improved. By the late 1980s and early 1990s, he was placing consistently among the top ten teams. However, he was known as a "nice guy" who would not push his dogs. Cowboy Smith called him "Gramma," and other mushers thought him too soft. He has remained more concerned about the care and condition of his dogs than about himself, and often pampers the team. That concern for his dogs earned him a reputation as a "softie" and also the first "Vet's Choice" Award, presented in 1991.

Because of his reputation as a softie, no one really expected Frank to be competitive in 1995, no more competitive than usual, that is. Most people expected him to finish among the top ten, but not among the front two or three.

When the teams left the start line in 1995, Frank's support crew knew that the dogs were in great shape. They had had a great training season, with lots of good long runs, with the help of our handler that year, Trevor Braun. And the dogs were all really healthy. They were on a new nutrition program, based on a Canadian dog food, Technical, and the change in diet was really making a difference. The support team also knew that Frank himself was more focussed than usual. But none of us really thought about winning.

Perhaps the first person to think that Frank could win was Jay Cadzow, a musher from Fort Yukon, who finished third that year. Early in the race, Jay looked at Frank and the team and commented on how strong they looked. He even speculated that Frank could win. Frank thought he was joking.

Jay is a great example of a "community musher": he lives in a very small community and puts together a team on a shoestring (something that cannot be done for the Iditarod). Jay has great skills in the bush and excellent dogs, but runs a relatively low-tech operation (in terms of diet and equipment). In the Quest, skill still counts for more than technology.

SO KAM DER MENSCH AUF DEN HUND

So will es die Eskimolegende: „Die Erde zerfiel in zwei Teile, Menschen und Tiere wurden durch einen Abgrund voneinander getrennt. Auf dem Höhepunkt der Wirren suchten Vögel, Insekten und alle Vierfüßler ihr Heil in der Flucht. Nicht aber der Hund. Er wußte nicht wohin. Flehentlich kläffend verharrte er am Rande des Abgrunds. Der Mensch, dessen Mitleid er erregte, rief ihm zu: ‚Komm!' und das Tier eilte auf ihn zu. Der Hund versuchte, von der Tierhalbkugel auf die Seite des Menschen zu springen. Nur seine Vorderpfoten hatten dem Hund noch Halt in der Wand verschafft. Er wäre ewig von dieser Welt verschwunden, hätte der Mensch nicht seine Pfoten ergriffen und ihn auf seine Seite gezogen."

THIS IS HOW MAN CAME TO DOGS

This is how the Eskimo legend goes: "The earth broke up into two parts, man and animals became separated by a deep gulf. At the height of all the commotion, the birds, insects and all four-legged animals sought safety in flight. But not the dog. He didn't know where to go. Barking pleadingly, the dog clung to the edge of the precipice. The man, whose compassion had been awakened, called out: 'Come here!' and the animal hurried over towards him. The dog attempted to leap over to the man's side from the animal hemisphere. He was only able to grab hold of the wall with his front paws. He would have disappeared from the world forever had man not grabbed his paws and pulled him over to his side."

YUKON QUEST
FULDA

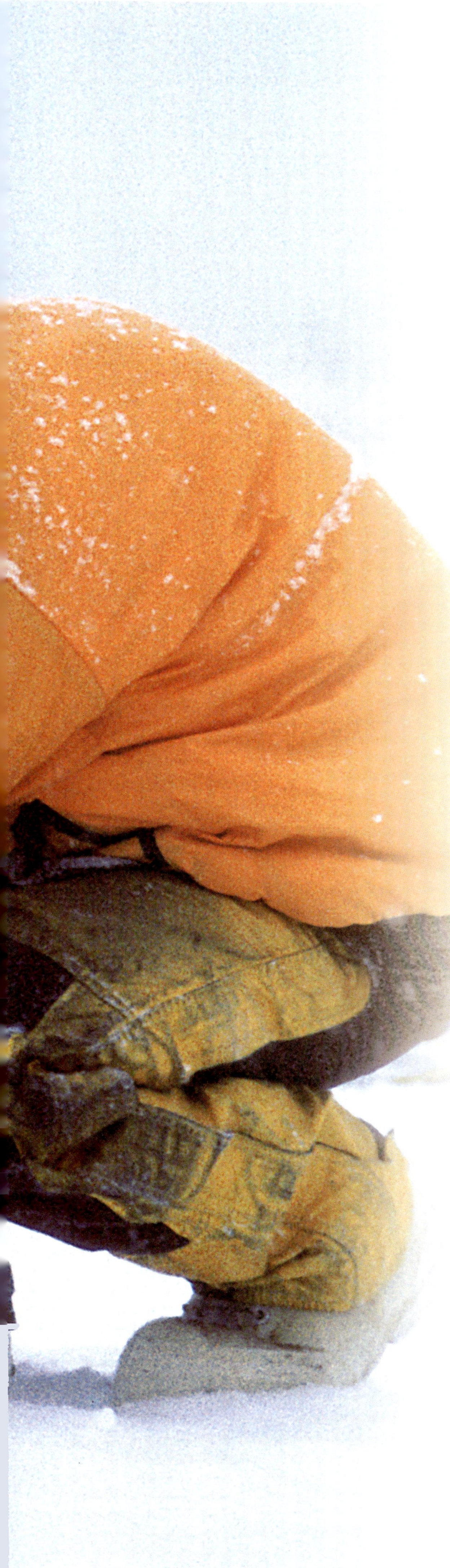

WAS FRESSEN SCHLITTENHUNDE?

Die Geschmäcker der Hunde sind wie die der Menschen verschieden. Um auf den 1600 Kilometern die Leistungsfähigkeit ihrer Hunde zu erhalten, setzen die Schlittenhundeführer auf unterschiedliche Karten.

Der aus Alaska stammende Quest-Teilnehmer Jim Wilson verabreichte seinen Hunden Fisch (Weißfisch und Lachs), den er im Sommer zuvor gefangen und getrocknet hatte. Der Quest-Champion Frank Turner (großes Foto) aus Whitehorse bestellte einmal im Ziel von Fairbanks Hamburger für seine Hunde, „weil ich es ihnen versprochen hatte“. Im Ziel bekamen die Huskys die Hamburger. „Aber ohne Zwiebeln und Gurken, die mögen sie nämlich nicht“, erklärte Turner. Die Vorteile der industriell gefertigten Hochenergie-Nahrung ist das günstigte Gewicht/-Kalorienverhältnis. Die Musher müssen weniger deponieren oder im Schlitten mitschleppen, um ihre Hunde satt zu bekommen und leistungsbereit zu halten.

Vern Halter, der das Quest 1990 gewann, kommentierte die Essensfrage so: „Einige Kerle vertrauen dem High-Tech-Fressen. Das ist o.k., aber es wirkt ein bißchen dandyhaft auf mich. Für meine Hunde gibt es nichts besseres als gute, altmodische Hausmannskost.“ Halter verfütterte meistens gut gekochte Rinderherzen.

Wie wichtig für den Rennverlauf die richtige Ernährung ist, zeigte sich zum Beispiel 1991. Der Doppel-Quest-Champion John Schandelmeier aus Paxson, Alaska, ist im Schlittenhundesport für seine exotischen „Cocktails“ bekannt. Haferflocken, Heilerde, Samen, Kleie und Elexiere verschiedener Wurzeln wie der bekannten Echinacea zur Stärkung der körpereigenen Abwehrkräfte verabreicht Schandelmeier seinen Tieren. Als 1991 eine Infektion das Teilnehmerfeld von 35 auf 23 reduzierte, fütterte Schandelmeier seine Huskys mit einem elektrolythaltigem Brei aus Babyreis mit Erfolg: Sein Team wurde als einziges von der Infektion verschont.

WHAT DO SLED DOGS EAT?

Dog's tastes vary just as much as man's. To maintain the physical fitness of the dogs for 1,600 kilometers, mushers depend on different menus.

Quest participant Jim Wilson from Alaska gave his dogs fish (whitefish and salmon), which he had caught and dried the preceding summer. Quest champion Frank Turner from Whitehorse once ordered hamburgers for his dogs at the finish line in Fairbanks, "because I had promised them." The huskies got the hamburgers at the finish line. "But without onions and pickles, because they don't like them," Turner explained. The advantage of the industrially produced high-energy nutrition lies in the favourable proportion of weight to calories. The mushers don't need to store as much and can drag less along in the sled in order to satiate their dogs and maintain their performance level.

Halter, who won the Quest in 1990, commented on the food issue as follows: "Some guys trust the high-tech food. That's o.k., but that comes across to me as being a bit dandyish. There is nothing better for my dogs than good, old-fashioned home-cooked food." Halter usually feeds them well-cooked cow hearts.

How important the right nourishment is for the course of the race was shown in 1991. The two-time Quest champion John Schandelmeier from Paxson, Alaska is known in the sport of sled dog racing for his exotic "cocktails". Schandelmeier provides his animals with oats, healing earth, seeds, bran and elixirs from various roots such as the well-known Echinacea to strengthen the body's own immune system. Once in 1991 when an infection had reduced the field of participants from 35 to 23, Schandelmeier fed his huskies a electrolytic baby rice porridge with successful results: his team was the only one spared from the infection.

MENSCH UND HUND

Den neuesten Stand der Wissenschaft erläutert der in Schweden geborene und in Deutschland lebende Wolfs- und Hundeforscher Dr. Erik Zimen.

Er glaubt, daß der Hund aufgrund der Ausschlußprinzipien, die gegen Kojote und Schakal sprechen, einzig und allein vom Wolf abstammen kann.

13.000 Jahre alt seien die Funde aus Deutschland, die belegten, daß der Wolf schon gegen Ende der Altsteinzeit als erstes Haustier domestiziert worden sei.

Die ersten Funde in Nordamerika lägen etwa 8500 Jahre zurück. Zimen schreibt in seinem Buch „Der Hund": „Es scheint, wir müssen die Vorstellung aufgeben, der Mensch habe den Wolf bewußt und zukunftsorientiert gezähmt." Zimen geht davon aus, daß es Frauen waren, die den Wolfsjungen ihre Brust gaben, denn die Welpen brauchten Milch, doch die Ziege, Schaf oder Rind standen noch nicht zur Verfügung, da diese damals noch nicht als Haustiere beim Menschen lebten.

Während sich Jay schon für Frank interessierte, waren die meisten Augen noch auf Cowboy und Jim Wilson gerichtet, den Favoriten des Rennens. Das Tempo war mörderisch, und Cowboy Smith kämpfte sich mit einem Team voran, das zwar etwas langsamer als die anderen lief, doch dafür über die größere Ausdauer verfügte.

Cowboy ist ein weiteres Original des Quests. Der zähe und ruhige Musher erhielt seinen Spitznamen wegen seiner Zeit beim Rodeo. Viele Jahre lang lebte er in Coffee Creek weit weg von der nächsten Siedlung auf einem Anwesen ohne Strom, Telefon oder fließendes Wasser. In der Gegenwart von Menschenmengen oder Reportern wird Cowboy vollkommen stumm und antwortet nur mit einem Kopfnicken oder Grunzen. Doch wer ihn in der Kneipe oder alleine auf dem Land trifft, dem wird er einige Geschichten erzählen. Wahrscheinlich ist Cowboy einer der härtesten Musher, die je am Quest teilgenommen haben.

1995 schaffte er Tagesetappen von 110 Kilometer – 15 bis 30 Kilometer mehr, als die Teams beim Quest normalerweise zurücklegen. Hinter ihm hatte ein halbes Dutzend Teams alle Mühe, mit ihm Schritt zu halten. Als man nach Dawson kam, wurde klar, daß das gesamte Spitzenfeld ein höheres Tempo als gewöhnlich vorlegte. Frank war auf der Strecke zwischen Carmacks und Dawson, für die er sonst ein eher gemächliches Tempo einschlug, in Rekordzeit unterwegs. Daraufhin wurde zwar in der Zeitung über ihn

While Jay had his eye on Frank, most eyes were still focussed on Cowboy and Jim Wilson, the pre-race favourite. The pace was grueling. Cowboy Smith was relentless, plodding on with a team that ran slightly slower than the others but had greater endurance.

Cowboy is another true Quest character. A tough, quiet sort, he acquired his nickname because of his rodeo days. For many years he lived on a homestead at Coffee Creek, far removed from any community, with no power, phone or running water. In the presence of crowds or the media, Cowboy goes completely silent, nodding or grunting are his only means of communication. But catch him in the bar, or alone on the land and he will tell many a tale. Cowboy is probably one of the toughest mushers to travel the Quest trail.

In 1995, he tackled runs as long as 70 miles, 10 to 20 miles longer than Quest teams would ordinarily do. Behind him half a dozen teams struggled to keep up. As the teams pulled into Dawson, it was clear that all the front runners were setting a faster pace than usual. Frank set a record pace between Carmacks and Dawson, a stretch he had always done at a leisurely pace in the past. While the papers mentioned the record-setting pace, observers still did not consider Frank as a likely winner.

At that point, Frank was not thinking at winning either. For Frank, the Quest is an opportunity to spend 12 days on the trail

berichtet, doch mit seinem Sieg rechnete damals noch keiner der Beobachter.

Auch Frank dachte zu diesem Zeitpunkt noch nicht an einen Sieg. Für ihn ist das Quest eine Gelegenheit, zwölf Tage lang mit den Hunden unterwegs zu sein und die unvergleichliche Schönheit und meditative Ruhe der Berge zu genießen. Kaum etwas kommt dem Anblick der Nordlichter gleich, die kreuz und quer über den sternklaren Nordhimmel flackern, während das Team ruhig und gleichmäßig zwischen Fichten und Kiefern hindurchtrabt. Ein unvergleichliches Bild, das höchstens noch vom Vollmond übertroffen wird, dessen heller Schein die Landschaften dreidimensional erscheinen läßt und den nächtlichen Schnee am Pfad mit feinen Schatten säumt. Oder von der beinahe schon schmerzhaft gleißenden Mittagssonne an einem klaren Tag, wenn bei Temperaturen um minus 40 Grad Celsius die Eiskristalle auf dem Schnee glitzern und der Rauhreif wie Spitzenbesatz auf den Bäumen liegt.

An einem solchen Sonnentag erreichten die Teams Dawson City, das auf der halben Strecke des Rennens liegt.

Der Zwischenstopp in Dawson war für die Pfleger der reinste Alptraum. Die meisten Hunde hatten sich einen Virus eingefangen und litten auf dem Weg nach Dawson unter Durchfall. Um die Hunde für das Rennen gesund und fit zu halten, gab es eine Menge zu tun. Als Franks Gespann Dawson verließ, waren die meisten Hunde wieder über den Damm und hatten auch etwas Gewicht zugelegt.

with the dogs. He relishes the moments of extraordinary beauty and meditative calm that he finds out in the hills. There is little that can compare to the sight of northern lights arcing and sweeping across a clear, starlit northern sky as the team trots quietly and evenly through the spruce and pine. Except perhaps a full moon, so bright that you have three-dimensional landscapes, with fine shadows lining the night-snow along the trail. Or mid-day sun so bright it almost hurts, on a clear day at forty below, with ice crystals glinting on the snow and hoar frost clinging like lace to the trees.

It was such a sunny day when the teams pulled into Dawson City, the half-way point in the race. Dawson is the only location where handlers can take care of the dogs. By that time, handlers are pretty desperate to feed and cuddle them. They work with the dogs on a day-to-day basis, so it is really hard to keep from touching them at all the other checkpoints.

The Dawson layover was a tough one for handlers. Most of the teams had suffered from a virus and had diarrhea on the way into Dawson. There was a lot of work to be done to get all the dogs healthy and ready to run. By the time Frank's team left Dawson, most of the dogs were over the bug and had put on some weight.

While the mushers travel from Dawson to Eagle and Circle, handlers must rush back down the highway to Whitehorse,

MAN AND DOG

The wolf and canine researcher Dr. Erik Zimen, who was born in Sweden and lives in Germany, describes the latest scientific status.

He believes that the dog, by virtue of the exclusionary principle which rejects the coyote and jackal as possibilities, can only stem from the wolf.

The findings from Germany dating 13,000 years back reveal that the wolf was the first animal to be domesticated already towards the end of the Palaeolithic Age.

The first findings in North America date approx. 8,500 years back and Zimen writes in his book "Der Hund" (The Dog): "It seems we have to give up the idea that man tamed the wolf consciously and with an orientation towards the future." Zimen assumes that women were the ones who breast fed the baby wolves, since the pups needed milk, and goats, sheep or cows were not yet available because they were not at that time living in man's quarters as domestic animals.

Einst war der Hundeschlitten im Winter das wichtigste Transportmittel. Heute vertraut man im Alltag mehr dem Flieger und Motorschlitten

Dog sleds used to be the most important means of transportation in the winter. Today you're more likely to trust the plane and motorised sled on a day-to-day

Wenn die Musher von Dawson nach Eagle und Circle weiterfahren, müssen die Pfleger so schnell wie möglich mit dem Wagen nach Whitehorse, weiter nach Fairbanks und schließlich nach Circle. Auf dieser mindestens 25 Stunden langen Fahrt (mit Hundetransportern oft noch mehr) müssen sie außerdem noch versuchen, ein wenig Schlaf zu finden – für alle Pfleger der reinste Marathon. Die Pfleger können immer nur nach dem Prinzip „Beeilen und Warten" vorgehen: Sie müssen immer davon ausgehen, daß das Team die Strecke in einer Rekordzeit zurücklegen könnte, was aber nur selten tatsächlich der Fall ist. Also kommen sie zu früh zum Checkpoint und warten, warten, warten, bis sie endlich den Ruf „TEAM" hören.

Als die Pfleger in Circle ankamen, lagen Cowboy, Jim Wilson und Frank immer noch im Spitzenfeld. Franks Team war recht gesund und machte einen starken Eindruck, aber erst in der berühmten Crabb's Corner bei Central begann Frank von einem „Rennen" zu sprechen.

Wenn die Musher aus Central abfahren, müssen sie über die Gipfel von Eagle, Rosebud und Boulder (allesamt schwere Aufstiege) hinunter zum Angel Creek, dem

over to Fairbanks, and up to Circle – at least 26 hours driving (usually more in a dog truck) – and try to get some sleep, something of a marathon for all handlers. The whole handling process is one of "hurry up and wait," since they have to assume that teams will travel at the record pace, which they seldom do. So they arrive early at the checkpoint, then wait, and wait, and wait, until they hear the call: "TEAM".

When handlers arrived in Circle, they found Cowboy, Jim Wilson and Frank still among the front runners. Frank's team was generally healthy and looked strong, but it was not until Central, in the famous Crabb's Corner, that Frank began to talk about "racing." His crew was quite taken aback – this was not the Frank they were used to – and they did not take it too seriously. That was a mistake.

When the mushers leave Central, they travel over Eagle, Rosebud and Boulder summits, all tough climbs for the teams, then go down into Angel Creek, the last official checkpoint before Fairbanks. This section can be treacherous, especially Eagle Summit – if the wind picks up, or snow moves in, teams can be stuck at the base of one of the summits for a long time.

letzten offiziellen Checkpoint vor Fairbanks. Dieser Abschnitt kann sehr tückisch sein, vor allem am Eagle Summit: Wenn der Wind zunimmt oder es schneit, kann man lange am Fuße eines Gipfels festsitzen. Es gibt zahlreiche Geschichten darüber, wie die Gespanne hier umkehren oder den Weg verlassen mußten oder Musher gezwungen waren, ihre Teams zu führen oder die Schlitten abzuladen, um über den Eagle Summit zu kommen. Jedes Jahr liefert der Eagle Summit neue Geschichten, und 1995 war da keine Ausnahme. Kurz vor dem Gipfel schied Larry Smith aus. Cowboy mußte anhalten, sein Zelt aufschlagen und warten, bis sich sein Team erholt hatte. Dabei verlor er seinen Vorsprung vor Jim Wilson und Frank.

Während die Musher den Gipfel überwinden, müssen die Pfleger über den Eagle Summit nach Fairbanks zurück und über die Straße von Cheena Hotsprings nach Angel Creek fahren. Meistens dauert diese Fahrt zwischen 14 und 18 Stunden, so daß sie ein wenig Schlaf finden und essen können. Auch Franks Crew legte sich für eine Weile hin und fuhr dann weiter nach Fairbanks. Dort machten sie den Fehler, zum Mittagessen anzuhalten. Zwar erreich-

There are many tales about teams turning back or going off the trail, and mushers having to lead their teams or empty their sleds to get over the top of Eagle Summit. Every year the Summit generates new stories. 1995 was no exception. Near the top of the ascent, Larry Smith's team quit. Cowboy was forced to stop and camp, and wait for his team to recover. At that point, he relinquished his lead to Jim Wilson and Frank.

While the mushers are tackling the summits, handlers must drive back over Eagle Summit into Fairbanks, then go out the Cheena Hotsprings road to Angel Creek. Most years, they have 14 to 18 hours to do that, so they can have a nap and a bite to eat. Well, Frank's crew had a nap, then drove to Fairbanks, where they made the mistake of stopping for some lunch. They made it to Angel Creek in 12 hours. There was only one problem: Frank got there in 11 hours, taking 3 hours off the old record for that stretch. One of a handler's prime duties is to get to the checkpoint well before the musher . . . The crew was devastated at first, until they realized that Frank had moved into first place. And then they were just stunned.

Eine letzte Streicheleinheit für den Spielfreund vor dem langen Rennen

One last petting session before the playful friend is off on his long run

ten sie Angel Creek in zwölf Stunden, aber Frank unterbot den alten Rekord für diesen Abschnitt um drei Stunden und traf schon nach elf Stunden ein. Zunächst schämte sich die Crew in Grund und Boden, denn eine ihrer obersten Pflichten ist es, stets lange vor dem Musher am Checkpoint anzukommen. Doch dann wurde ihnen klar, daß Frank an der Spitze lag.

In Angel Creek ist für die Musher ein Zwischenstopp von acht Stunden vorgeschrieben. Diese Pause wurde für Frank zum reinsten Freudenfest: Aus Central und Fairbanks kamen Freunde angereist, um ihn anzufeuern. Wally, eines der wichtigsten Teammitglieder, hatte einen Riß im Ballen, und der Tierarzt mußte ein wenig Moleskin über der Wunde ankleben (wo doch sonst nur Wanderer Moleskin verwenden!). Alle anderen Hunde sahen prima aus, auch der älteste Schlittenhund, der damals elfjährige Grizzly.

Frank verließ Angel Creek mit einem Vorsprung von nur fünf Minuten vor Jim Wilson (was bei Hundeschlittenrennen fast nichts ist). Als das Team losfuhr, sahen Buck und die Basil Boys aus, als wollten sie im Park spazierengehen: Sie schnupperten an jedem Busch, liefen vom Weg hinunter und sahen ganz und gar nicht wie ein Siegerteam aus. Frank hatte sich entschlossen, den Schlitten leichter zu machen und das Team ohne Hundeschuhe laufen zu lassen. Das machte sich bezahlt: Gleich hinter Angel Creek war der Weg überschwemmt, so daß er die Booties ohnehin hätte wechseln müssen. Jim Wilson hatte Frank ein paar Minuten hinter Angel Creek überholt, doch bei der überschwemmten Stelle konnte Frank wieder an ihm vorbeiziehen und ihn endgültig hinter sich lassen.

Als das Gespann in Fairbanks am Cheena River ankam, wurde Frank klar, daß er an der Spitze lag. Es war eine wunderschöne Nacht, und der Schnee fiel sanft auf die Rennstrecke. Frank dachte an seinen alten Freund Bruce Johnson, der im November 1994 ums Leben kam, als er mit seinem Team beim Training für das Yukon Quest auf dem Eis einbrach. Bruce hatte Frank schon seit langem gedrängt, das Rennen ernster zu nehmen. Bruce hatte das

Mushers have a mandatory 8-hour layover at Angel Creek, and what a layover it was for Frank. Friends drove in from Central and Fairbanks, to cheer him on. Meanwhile, Wally, one of the main team members, had a tear in his pad and the vet had to crazy-glue some mole skin onto the wound (and you thought only hikers used moleskin!). The rest of the dogs looked great, including our senior racing dog, Grizzly, 11 years old at the time.

While he left Angel Creek ahead of Jim Wilson, Frank had only a 5-minute lead (nothing at all in mushing terms). When the team pulled out, Buck and the Basil boys all looked as if they wanted to take a stroll in the park, sniffing every bush and wandering off the trail. They did not look like a winning team. Frank had decided to strip the sled down and run the team without dog boots – two decisions that paid off. There was overflow on the trail just out of Angel Creek, so he would have had to change boots anyway. Jim Wilson overtook Frank, a few minutes out of Angel Creek, but Frank passed him at the overflow, and never saw him again.

As the team headed in Fairbanks on the Cheena River, Frank realized that his team was in the lead. It was a splendid night, with snow falling lightly on the trail, and Frank's mind turned to his longtime friend, Bruce Johnson. Bruce died in November 1994 – he and his team went through the ice while training for the Yukon Quest. Bruce had long ago urged Frank to race more seriously – he was perhaps the first person to tell Frank that his dogs had the potential to win the race. Bruce was the first Canadian musher to win the Quest, and Frank had always had great respect for Bruce. There on the river in the middle of the night, Frank sensed Bruce's spirit, and that feeling remained with him all the way to the finish line.

A friend of Frank's checked the teams at Valleyview, half way between Angel Creek and Fairbanks, and reported that Frank was running first, at 13 miles per hour, 2 miles per hour faster than Jim Wilson. Frank's crew waited and began to think about winning, but weren't sure what that meant.

Auf dem Weg zum Start – Hunde in ihren kleinen Appartements

On the way to the starting line – the dogs in their little apartments

NORTHWEST SIGNS & GRAPHICS
Best Western
Gold Rush
SALES • RENTALS • LE
Feed Store
Energizer
Walsall
ery Store
CKRW
WHTV
PFITZER
Minute Muffler

Wenn es bergauf geht, läuft Frank Turner – ausnahmsweise einmal ohne Handschuhe – hinter dem Schlitten her und schiebt ein bißchen

When going uphill, Frank Turner gets out and runs – going, as an exception this one time, without gloves behind the sled and pushing a bit

Quest als erster kanadischer Musher gewonnen, und Frank hatte ihn stets verehrt. Tief in dieser Nacht auf dem Fluß konnte Frank den Geist von Bruce spüren, und dieses Gefühl begleitete ihn bis an die Ziellinie.

Auf halber Strecke zwischen Angel Creek und Fairbanks wartete in Valleyview ein Freund von Frank. Von ihm erfuhr Frank, daß er mit 21 Stundenkilometer im Schnitt vorne lag und drei Stundenkilometer schneller fuhr als Jim Wilson.

Eines war sicher: Der junge Leithund Buck, der noch abgerichtet wurde, war bei diesem Rennen zur Höchstform aufgelaufen. Der schöne junge Rüde war bisher immer ein wenig tapsig und unkonzentriert gewesen. Diesmal jedoch hatte er sich zusammengenommen und gezeigt, daß er liebend gerne voranläuft – und zwar schnell! Zwar legte er immer noch ein reges Interesse für Hündinnen an den Tag und ging jeder Überflutung tunlichst aus dem Weg (wofür er das Team notfalls sogar in das Weidenholz führte), doch wenn er erst einmal in Fahrt war, wuchsen ihm Flügel. Und was genauso wichtig war: Die Basil Boys, die bisher noch nie richtig auf die Probe gestellt worden waren, konnten mit Buck Schritt halten. Mit ihm an der Spitze vollbrachte das Team Höchstleistungen.

Erst als das Team weniger als eineinhalb Kilometer vor der Ziellinie unter einer Brücke durchfuhr und die Zuschauer eindeutig Frank erkannt hatten, war die Crew überzeugt, daß Frank tatsächlich Erster würde,

One thing was certain: Buck, our young leader-in-training had come into his own on this race. A beautiful young male, Buck had always been a little goofy and unfocussed. But on this race, he had settled down and demonstrated that he loved to run out front, and to run really fast! He still wanted to check out the girls and avoid any overflow (hauling the team into the willows if necessary); still, when he got out there, he really could fly. What's more, the Basil boys, who had not really been tested until now, could keep up to Buck. Under Buck's leadership, the team was able to perform at their maximum potential.

Once the team went under a bridge, less than a mile from the finish line, and bystanders clearly recognized Frank, the crew finally went down to the finish line, believing for the first time that Frank could come across the line first. About eight hours earlier, they had gone to the store to pick up steaks for the dogs. Whenever the race finishes in Fairbanks, a good friend of Frank's, Tank, a longtime Quest volunteer, greets Frank's team at the finish line with hamburgers. Well, it really seemed they should get steaks this time. And steaks they got.

Even though Frank arrived at four in the morning, there was an incredible crowd at the finish line. Over 300 people had dragged themselves out of bed to greet him! Finishing first was a thrilling experience for everyone connected to the Muktuk Kennels

und ging zur Ziellinie. Acht Stunden zuvor hatten sie für die Hunde Steaks eingekauft. Immer wenn das Rennen in Fairbanks endet, wird Frank an der Ziellinie von seinem alten Freund und Quest-Veteranen Tank mit Hamburgern begrüßt. Nun, diesmal dachten sie, daß die Hunde Steaks verdient hätten – und die bekamen sie auch.

Obwohl Frank morgens um vier ins Ziel kam, war an der Ziellinie eine unglaubliche Menge versammelt: Mehr als 300 Leute hatten sich aus dem Bett gequält, um ihn zu begrüßen. Erster zu werden, war für alle, die etwas mit dem Team von Muktuk Kennels zu tun hatten, eine aufregende Erfahrung. Frank jedoch hatte ein noch erhebenderes Erlebnis: Als er auf dem Fluß nach Fairbanks aufblickte, sah er, wie das gesamte Team kraftvoll und gleichmäßig lief, alle Hunde in perfekt synchronisiertem Rhythmus, jeder Kopf oben und jeder Schwanz wedelnd – das magische Gefühl eines „perfekten Laufs". Nicht wegen des Wettbewerbs oder zum Gewinnen nimmt Frank jedes Jahr am Quest teil, sondern um einen solchen magischen, perfekten Lauf zu erleben.

Manchmal verliert man eben beim Münzwerfen und merkt später, daß dennoch alles nach Wunsch verläuft.

team. But for Frank, one thing was even more exhilarating – the feeling he got on the river on the way into Fairbanks, when he looked up and saw the entire team running strong and steady, with every dog in perfect synchronized rhythm, every head up and all the tails wagging – the magical feeling of a "perfect run". The desire to experience such a magical, perfect run, not competition or winning, is the reason Frank enters the Quest every year.

Sometimes things turn out as they are meant to be, with the loss of one toss of the coin.

Geschafft, Frank ist mit seinen Hunden im Ziel. Zur Belohnung gibt's die versprochenen Steaks

Made it; Frank has arrived at the finish and now the promised steaks as a reward

DIE AUTOREN UND FOTOGRAFEN

Δ *The Authors and Photographers*

Holger Bergold (Jahrgang 1953) ist Eigentümer einer Frankfurter Spezialagentur für Werbung, Marketing, Public Relation und Veranstaltungen in der Touristik. Unter anderem repräsentiert seine Firma auch das kanadische Yukon Territory in Europa und recherchiert Drehorte und Geschichten für bekannte deutsche Fernsehserien („Weltenbummler“, „Traumschiff“, „Florida Lady“ etc). Trotz seiner vielen Reisen um die ganze Welt zieht es ihn immer wieder in den Yukon.

*Δ **Holger Bergold**, born in 1953, is owner/manager of a Frankfurt-based special agency for marketing, public relations and event management for the tourism industry. He represents, among others, Canada's Yukon Territory in Europe and researches filming locations for famous German television series ("Weltenbummler", "Traumschiff", "Florida Lady" etc.). Despite extensive travel throughout the World he again and again is drawn to the Yukon.*

Udo Bernhart (Jahrgang 1956) wurde in Bozen geboren. Von 1972 bis 1979 ließ er sich zum Fotografen ausbilden. 1980 zog er nach Frankfurt/Main um. Als selbständiger Fotojournalist hat er seit dieser Zeit alle Kontinente der Erde, auch die Arktis bereist. Bernhart ist Verfasser zahlreicher Bücher, seine Reportagen sind in internationalen Magazinen erschienen. 1988 hat der aktive Bergsteiger ein viel beachtetes Buch über das Leben der Südtiroler Bergbauern bebildert. Weitere Bücher: „Leben, die sich gleichen“, Bergklöster aus Alpen und Himalaya; „Frankfurt – Stadt für Menschen“ und viele mehr.

***Udo Bernhart** was born in Bolzano, Italy, in 1956. Between 1972 and 1979 he trained as a photographer. In 1980 he moved to Frankfurt am Main. As a freelance photo-journalist he has since traveled throughout the World, including the Arctic. Bernhart has published several books and his eye-witness accounts have appeared in international magazines. In 1988 the active mountaineer illustrated a highly respected book about the lives of mountain farmers in southern Tyrol. Additional books: "Leben, die sich gleichen", Bergklöster aus Alpen und Himalaya; "Frankfurt – Stadt für Menschen" and many more.*

John Firth (Jahrgang 1953) wurde in Edmonton (Kanada) geboren. Als er ein Jahr alt war, siedelten seine Eltern nach Dawson um. Seit 1967 lebt der verheiratete Versicherungsvertreter in Whitehorse. Firth hat als Journalist gearbeitet, war Goldsucher und Kinobesitzer. Er hat schon 17 Marathonrennen beendet. Er nahm auch am „Dyea to Dawson Race“ teil: Dabei müssen 1000 Kilometer zu Fuß und im Kanu bewältigt werden. Seit 1983 arbeitet er beim Yukon Quest mit.

***John Firth** was born in Edmonton, Canada, in 1953. When he was just one year old his parents resettled in Dawson. Since 1967 the insurance representative and his wife have lived in Whitehorse. Firth has worked as a journalist, was a gold prospector and once owned a cinema. He has already completed 17 marathons and has competed in the "Dyea to Dawson" event, which involves conquering 1000 kms on foot and by canoe. He has worked as part of the Yukon Quest team since 1983.*

Jürgen Hampel (geboren 1954 in Augsburg) liebt den Hohen Norden. Schon über ein Dutzend Mal bereiste er das Yukon Territory und Alaska. Der langjährige Ressortleiter „Reise“ bei der Augsburger Allgemeinen fühlt sich auf Alpengipfeln genauso wohl wie in einem Kanu, mit dessen Hilfe er die Wildnis erkundet. Jürgen Hampel kümmert sich bei den Gummiwerken Fulda um die Koordination der internationalen Öffentlichkeitsarbeit.

***Jürgen Hampel** was born in Augsburg in 1954 and loves the far North. He has traveled in the Yukon Territory and Alaska more than a dozen times. The long-time travel section editor of the Augsburger Allgemeine newspaper is just as at ease on an Alpine peak as in a canoe exploring the wilderness. Jürgen Hampel is responsible for coordination of international public relations at Fulda, one of the leading German Tire Companies.*

Thomas Jeier (Jahrgang 1947) arbeitet seit 1972 als freier Autor und Journalist. Seine Sachbücher und Romane wurden in zehn Sprachen übersetzt. Für das Fernsehen drehte er Dokumentarfilme (u.a. über Texas und die Arktis, im Bayerischen Rundfunk gestaltet und moderiert er den „Country Club“). Für sein Jugendbuch „Der große Goldrausch von Alaska“ (Herder) erhielt er den Friedrich-Gerstäcker-Preis für das beste Abenteuerbuch des Jahres. Er ist Mitarbeiter von „abenteuer & reisen“.

***Thomas Jeier** born in 1947, has been a freelance author and journalist since 1972. His specialist books and novels have been translated into ten languages. He has made documentary films for television, including programs about Texas and the Arctic and he is front-man for "Country Club" for Bavarian Television. For his youth book "The Great Alaskan Gold Rush" (Herder) he won the Friedrich Gerstacker Prize for the best adventure book of the year. He is a member of the "abenteuer & reisen" team.*

Reiner Merkel, verheiratet, zwei Kinder, Autodidakt in Sachen Fotografie, Pfeifenraucher und Weinliebhaber, mit den Hobbys Sport, Reisen, Fotografie und Kunst, wurde 1952 in der „Leica-Stadt" Wetzlar geboren. Der studierte Germanist und Betriebswirt, der sein Studium mit der Fotografie und Tennis finanzierte, ist heute als Chef der Bilderdienste der Deutschen Presse-Agentur GmbH (die viertgrößte Nachrichtenagentur der Welt) tätig. Er ist Mitglied der Deutschen Gesellschaft für Photografie.

***Reiner Merkel** is married with two children and is a self-taught photographer, pipe-smoker and wine-lover whose hobbies are sport, travel, photography and art. He was born in the "Leica" city of Wetzlar in 1952. He financed his germanistics and accounting studies with photography and tennis, and today is head of picture services for Deutsche Presse-Agentur (the fourth largest press agency in the World). He is a proud member of the German Photographic Society.*

Silke Roßkothen (geboren 1967 in Dortmund) ist gelernte Bankfachwirtin. Dem eher trockenen Metier drehte sie den Rücken und wechselte in den Fotojournalismus. Sie fotografiert seither überwiegend im Reisebereich. Zu ihren größten Erfolgen zählen zwei Reiseführer „Roadbook – Mit dem Geländewagen unterwegs", die sie in Gemeinschaftsarbeit mit Jürgen Hampel herausgegeben hat. Ausdauersport ist das Hobby der in Fulda lebenden Frau. Eine gute Kondition gibt ihr das nötige Durchhaltevermögen.

***Silke Roßkothen** was born in Dortmund in 1967 and studied banking. She turned her back on this rather dry world and switched to photo-journalism. Most of her work has since been in the travel area. Among her biggest successes have been two travel guides "Roadbook – on the Road in an Off-roader", which she published together with Jürgen Hampel. Silke lives in Fulda and her hobby is endurance sports. Being fit keeps her going even under the toughest conditions, such as the Yukon Quest.*

Ulrich Schmid (Jahrgang 1956) hat seit November 1988 seinen Tagesablauf den Bedürfnissen seines Samojeden-Schlittenhundes „Buran" angepaßt. Ulis weitere Hobbys: Jagen, Skitouren, Angeln. Seine Lieblingsreiseziele liegen in Alaska/Yukon, Schottland, Skandinavien und nicht zuletzt in den Bergen (Südtirol, Graubünden und französische Alpen). Um sich dies leisten zu können, arbeitet er seit 1980 mit vierjähriger Unterbrechung („Bergsteiger", München) als Redakteur bei einer Zeitung in Fulda.

***Ulrich Schmid** born in 1956, has planned his life since November 1986 around the daily needs of his Samojede sled-dog "Buran". His other hobbies are hunting, skiing and fishing. His favorite destinations are in Alaska, the Yukon, Scotland, Scandinavia and, last but not least, the mountains (South Tyrol, Graubünden and the French Alps). To be able to afford all this he has been working for a newspaper in Fulda since 1980, with only a four-year break ("Bergsteiger", a mountaineering magazine in Munich).*

Jakob Strobel y Serra (Jahrgang 1966) ist Redakteur im Reiseblatt der „Frankfurter Allgemeinen Zeitung". Dort kümmert er sich – bedingt durch seine spanischen Wurzeln – meistens um wärmere Regionen als den winterlichen Yukon. Die Kälte lernte der Journalist 1997 während des Yukon Quest erstmals kennen. Seit dieser Zeit liebt er auch den hohen Norden.

***Jakob Strobel y Serra**, born in 1966 is an editor in the travel section of the "Frankfurter Allgemeine Zeitung". His Spanish roots means he spends most of his time working on warmer regions than the wintry Yukon. The writer faced the real cold for the first time 1997 during the Yukon Quest. Since that time he also loves the Yukon and Alaska.*

Frank Turner (geboren 1957) lebt seit 23 Jahren im Norden. Er ist Berater von Beruf und der einzige Musher, der an allen Yukon Quest-Rennen seit 1984 teilgenommen hat. 1995 hat er das Rennen gewonnen. Frank Turner lebt mit seiner Familie und 80 Hunden in der Nähe von Whitehorse. Sein Spitzname ist „Grandma", weil er ganz besonders gut zu seinen Hunden ist.

***Frank Turner** (born in 1957) has lived for 23 years in the North. His occupation is consultant. He is the only musher who has competed in all of the Yukon Quests since 1984. He won the race in 1995 in the fastest time ever. Frank Turner lives near Whitehorse with his family and 80 dogs. His nickname is "grandma" because Frank is very kind to his dogs.*

Ralf Zielinski (Jahrgang 1956) aus Geesthacht in Norddeutschland, verdient sich seinen Lebensunterhalt als Turbinen-Ingenieur in einem Kernkraftwerk (Kümmel). Er nahm 1997 zum ersten Mal am Yukon Quest teil und kam als 17. und letzter Teilnehmer ins Ziel. Seit sechs Jahren ist er in die nordischen Hunde verliebt. Zielinski ist mit dem finnischen Musher Joni Elomaa aus Kuusamo befreundet.

***Ralf Zielinski** born in 1956, is from Geesthacht in northern Germany and earns his living as a turbine engineer in an atomic power station at Kümmel. 1997 was his first Yukon Quest and he finished last as 17th. He has been in love with Nordic dogs for six years. Zielinski is a friend of the Finnish musher Joni Elomaa, who also took part in the Yukon Quest.*

BILDNACHWEISE

△ *Table of Photo Credits*

Titelbild / △ *Cover picture*: Uli Schmid

Rückseite / △ *Back of the cover*: Udo Bernhart (2)

Holger Bergold: 35, 88, 88/89, 89, 90, 105, 106/107, 108/109, 120, 128/129, 143, 149, 204.

Udo Bernhart: 8, 13, 20, 24/25, 26, 35, 40, 41, 42/43, 44/45, 47, 50, 54/55, 60 (2), 69 (3), 70, 71, 73 (3), 74/75, 78 (2), 80, 82, 84/85, 86, 87, 98/99, 104/105, 110, 111 (2), 119,125, 126, 127 (3), 128, 130, 134/135, 136, 140/141, 142/143, 147, 148, 149, 150 (2), 151 (2), 152/153, 156/157, 157, 158/159, 161, 162, 163, 169, 171, 173, 174, 175 (2), 176, 177, 178, 178/179, 179, 180, 181 (3), 182 (3), 184/185, 186 (3), 187 (2), 191, 204 (2).

Udo Bernhart fotografierte mit Leica-Kameras R6 bis R7 und folgenden Objektiven: Super-Elmar 15mm; Super Angulon 21 mm; Vario-Elmar 35 bis 70 mm; APO-Macro-Elmarit 100 mm und APO-Telyt 180 mm, 280 mm, 400 mm.

△ *Udo Bernhart took his pictures with Leica-Cameras R6 and R7 and the following lenses: Super-Elmar 15mm; Super Angulon 21 mm; Vario-Elmar 35 up to 70 mm; APO-Macro-Elmarit 100 mm and APO-Telyt 180 mm, 280 mm, 400 mm.*

Jürgen Hampel: 80/81, 83, 92, 94/95, 138, 144, 149, 154, 156, 160, 160/161, 162, 165, 166, 167 (2), 168 (2), 168/169, 169 (2).

Reiner Merkel: 23, 79, 87, 138, 139 (2), 171, 173, 205.

Silke Roßkothen: 4, 16, 18/19 (2), 20/21, 28/29, 35, 46, 48, 49, 51, 52 (2), 53 (2), 54, 57, 63, 66 (2), 67, 72, 76, 79, 87, 91 (2), 97, 99, 100, 101 (2), 104, 111, 112, 113, 116, 117, 118 (2), 120/121, 123, 124 (2), 130, 139, 142, 145, 189, 190, 190/191, 196 (2), 197, 202 (2), 203 (3), 205 (2).

Uli Schmid: 4, 14, 15 (2), 16, 17 (3), 21, 22, 23, 27, 34, 49, 51, 55, 56, 58/59, 59, 61, 62, 62/63, 64, 65, 67, 70/71, 72/73, 81, 82, 83, 91, 98, 102/103, 112/113, 114/115, 121, 122, 129, 132, 171, 172 (2), 173 (3), 180, 181, 188, 189 (2), 192, 194/195, 198, 198/199, 199, 200/201, 205.

Tourism Yukon: 9, 30, 31, 32, 33, 36, 36/37, 38, 39, 131, 146, 164, 164/165, 170, 177, 183.

Die Geschichte „Ein Land, in dem die Berge keine Namen tragen" von Jakob Strobel y Serra, erschienen in der Frankfurter Allgemeinen Zeitung am 6. März 1997, wurde mit freundlicher Genehmigung von Autor und Verlag zur Verfügung gestellt.

△ *The story "Ein Land, in dem die Berge keine Namen tragen" by Jakob Strobel y Serra, published in Frankfurter Allgemeine Zeitung on March 6th, 1997, was placed at our disposal with kind permission of the author and the publishing house.*

Die Geschichte „Wildes Land am Yukon" von Thomas Jeier, erschienen in „abenteuer & reisen", Heft 6/97, wurde mit freundlicher Genehmigung von Autor und Verlag wdv (Wirtschaftsdienst, Bad Homburg) zur Verfügung gestellt.

△ *The story "Wildes Land am Yukon" by Thomas Jeier, published in "abenteuer & reisen", issue no. 6/97, was placed at our disposal with kind permission of the author and the publishing house wdv (Wirtschaftdienst, Bad Homburg).*

Ein besonderer Dank noch an die Firma Beringia; Michele O'Connor war stets da, wenn es galt, Hotels oder Flüge zu buchen, Skidoos zu organisieren oder Lunchpakete bereit zu haben.

△ *Our best thanks are extended to Beringia tours; Michele O'Conner was always there when it mattered, whether it was to book hotels or flights, to organize skidoos or to provide for packed lunches.*

Rob Toohey und Tina Sebert haben uns vor Ort immer pünktlich und zuverlässig zu den besten Plätzen geführt, damit die Fotografen und Kameraleute zu ihren „Schüssen" kamen.

△ *Rob Toohey and Tina Sebert always led us reliably and punctually to the best places so that photographers and camera people could get their "shots".*

STEIFF-SAMMELEDITION FULDA
MOHAIR-MINIATURHUSKY
Made in Germany by Steiff KNOPF IM OHR
Original Steiff KNOPF IM OHR
LIMITIERTE AUFLAGE
Serie, bestehend aus
Schlitten und 8 Hunden.
Jährlich 1 Hund,
beginnend 1998.
Preise auf Anfrage
Telefon: 06 61/14 27 25
Telefax: 06 61/14 24 97
FULDA
GERMAN HIGH TECHNOLOGY